《农村干部经营管理培训教材》
基 础 理 论 知 识 丛 书

农村干部领导艺术教程

刘士欣　韩　枫　主编

中国环境出版集团・北京

图书在版编目（CIP）数据

农村干部领导艺术教程/刘士欣，韩枫主编. —北京：中国环境出版集团，2010.4（2022.1 重印）
（《农村干部经营管理培训教材》基础理论知识丛书）
ISBN 978-7-80209-452-9

Ⅰ. 农… Ⅱ. ①刘… ②韩… Ⅲ. 领导艺术—干部教育—教材 Ⅳ. C933.2

中国版本图书馆 CIP 数据核字（2010）第 061081 号

责任编辑 俞光旭 徐于红
封面设计 龙文视觉
封面摄影 高家荣

出版发行 中国环境出版集团
（100062 北京东城区广渠门内大街 16 号）
网 址：http://www.cesp.com.cn
联系电话：010-67112765（编辑管理部）
发行热线：010-67125803
印 刷 北京中科印刷有限公司
经 销 各地新华书店
版 次 2010 年 4 月第 1 版
印 次 2022 年 1 月第 8 次印刷
开 本 880×1230 1/32
印 张 5.75
字 数 160 千字
定 价 29.00 元

《农村干部经营管理培训教材》
基础理论知识丛书编委会

《农村干部领导艺术教程》

编 委 会

主　编　刘士欣　韩　枫

副主编　肖　晗　王世华　李明垠

编　者　（按姓氏笔画排序）

王世华　刘士欣　时豪宇　李全林

李明垠　肖　晗　韩　枫

前言

建设“生产发展、生活富裕、乡风文明、村容整洁、管理民主”的社会主义新农村，是党中央提出的一项战略任务，是贯彻落实科学发展观、建设小康、构建和谐社会在广大农村的综合体现。要顺利完成这一重大的战略任务，培养一支扎根农村、贴近农民、服务农业，有文化、懂技术、会经营、善管理的村级组织带头人至关重要。因此，充分了解农村干部培训的需求，有针对性地加强农村干部培训，是基层党校搞好农村干部培训工作的重中之重。但是，在农村干部培训的教学过程中，往往缺乏理论与实践相结合的实用、可行的教材。现行的培训教材，一般讲政治理论、形势任务多，教实用技术、工作方法少，与希望获得新知识、新技术的村级组织带头人的要求相去甚远。“工欲善其事，必先利其器”，做好农村干部培训工作，重要的一环是要有一套适应本地农村经济发展特点、适应农村干部需求的好教材。为了满足农村干部学习的愿望，落实上级关于实施农村干部素质工程的意见，我们组织有关教学研究人员和实际工作者，根据新时期党对农村工作的要求和农村工作的特点，本着实际、实用、实效的原则，编写了这套农村干部经营管理培训教材。

这套教材融党的农村政策法规、各地改革实践和现代农业新科技于一体，内容丰富翔实、技术先进、信息权威，突出了实用性、时效性和规范性，注重总结农业生产实践中的经验，实现了知识与技能的有机结合，达到了既能使农村基层干部掌握基本理论和基本技能知识，又能触类旁通，扩展知识面，切实提高自身素质，增强工作能力的目的。这套教材将极大地方便各地党校的教学培训工作，同时在提高农民科技文化素质，促进农业增效，农民增收，农村和谐，进而推进农村经济社会全面发展，发挥了积极重要的作用。

在编写这套教材的过程中，得到了有关部门和单位的大力支持，参考了近千种农业专著及报刊资料，在此一并致谢，恕不一一注明。

由于水平有限，加之时间紧迫，缺点错误在所难免，敬请各位同仁及广大读者批评指正。

编者

2010 年 3 月

目 录

第一章　领导与领导者

领导是人类社会的一项重要活动。古今中外无数事实证明，一个国家、一个地区、一个单位乃至一个村组的兴衰，一项事业的成败，领导起着举足轻重的作用。因此，从理论和实践的结合上研究和探讨领导的含义、特征，分析和明确领导者的职、权、责、利，学习和掌握领导方法与艺术，对于农村干部认识和把握现代领导活动的规律，实现农村领导工作的科学化，具有十分重要的意义。

第一节　领导的含义和特征

一、领导的含义

“领导”一词，顾名思义，领就是带领、首领，导就是指导、引导，可以看出领导一词原本表示一种活动，它反映的是一种社会行为过程。现代领导科学认为，领导是领导者在一定环境体制内通过履行职能，运用一定的方法、手段，率领和引导被领导者共同作用于领导对象实现共同利益的社会行为过程。

（一）领导是在一定的环境体制内进行的一种特殊劳动

人类从开始自觉劳动以来，就以群体的形式在一定的环境条件下活动着，而这种群体形式多结合成一定的体制，在一定的体制内，又组成若干个社会组织或团体。一个组织或团体的形成总是有一定目的，即为获得共同利益而奋斗。获得共同利益这种目的，必须确立具体目标及相应的途径、步骤；一个目标的实施过程是动态的，必须总揽全局、控制过程；一项社会活动会受到内部和外部诸多因素的影响和制约，必须协调关系，因势利导。这样，在一定环境体制内的每一个组织或团体中，都需要也必然会产生一种特殊的劳动，这就是领导。正如马克思所说：一切“直接社会劳动或共同劳动，都或多或少地需要指挥”，这是“每一种结合的生产方式中必须进行的劳动”，以便组织生产力，调节生产关系，以获取更大的利益。可见，领导产生于组织，又服务于组织；并且，必须在一定的环境体制内进行。因此，没有领导或领导不当，即没有这种特殊劳动，任何组织或团体是不能存在和发展的。

（二）领导是领导者率领和引导被领导者的一种行为过程

领导者率领和引导被领导者的行为通常表现为推动力和引发力两种形式。如果说推动力带有强制性的话，那么引发力则是非强制性的。在现代社会活动中，仅用推动力是不够的，权威的功能会日趋衰减，所以应该更多地使用引发力。领导者在履行职能时，要运用一定的方式、方法、手段激发被领导者的积极性、自觉性和创造性，团结奋进，积极向上，为实现一定的利益而奋斗。列宁曾指出：领导“必须首先服务，然后在强制”。相对而言，引发力比推动力更易奏效。可见，领导就是把引发力和推动力汇集在一条同向运动的直线上的一种行为过程。通过这种行为过程，以便把事业引向前进。

（三）领导是一种高层次的社会管理活动

在生产力低下的情况下，社会活动比较简单，领导与管理是二位一体的。随着生产力的发展，尤其是现代化大生产的兴起，社会活动日趋复杂，领导与管理就发生了分化。领导成了一项相对独立的社会管理活动。领导与管理的目的是一致的。领导是管理的灵魂，管理是领导的基础，领导指导管理，管理保证领导。领导与管理的分解与有机结合，构成一个组织或团体的优化的运营系统。

二、领导的特征

领导作为一种社会行为过程，它具有以下几个显著特征：

（一）社会历史性

首先，领导的行为方式是一定的社会生产方式的反映。在小生产情况下，领导者是凭个人的智慧、才能和经验来进行工作；而在大生产的情况下，领导者是依靠集体智慧，运用科学的方法和手段进行工作。其次，领导的本质是一定社会关系的反映。在私有制的社会中，剥削阶级领导的本质具有两重性，对统治阶级来说是服务，对广大劳动人民来说则是压迫、统治、剥削；而在以公有制为主体的社会主义社会中，领导者和被领导者的利益是一致的，权利是平等的，领导的本质就是为广大人民群众谋利益，整个社会和每个组织或团体的领导活动都是为人民服务，以满足人民日益增长的物质和文化生活的需要。

（二）创造性

领导活动的随机因素很多，领导者经常面临一些新鲜的、意想不到的事件，许多工作都是无章可循，或是随意碰到的偶发事情。这些事情都需要领导者创造性地运用党的方针、政策和国家的法律、法令妥善进行解决，特别是在处理人与人之间的矛盾中更没有通用的模式。因此说，昨天成功的经验，今天就不一定适用；对甲适用的方法，对乙就不一定适用。这就是说，在领导活动中，必须坚持实事求是的科学态度，不唯上、不唯书，要唯实，勇于创新，锐意进取，创造性地开展工作。

（三）科学预见性

领导是面向未来的。马克思主义认为，没有预见，就没有领导，领导的全过程都贯穿着预见。领导的主要职责之一是决策。决策是人们确定行为的目标、计划、纲领以及方针、政策的活动，是规划未来、指导未来的活动。“凡事预则立，不预则废”。领导者只有在决策时能够科学地预见未来，并根据未来的发展变化提出正确的对策，才能在竞争中取得胜利。因此说，现代领导者应当重视学习有关科学预测的理论、原则和方法，使自己成为一个富有科学预见、善于科学决策的领导者。

（四）连续性

领导作为一种社会实践活动是连续性的。这种连续性有时需要几代、十几代人的努力才能完成一项伟大的事业。一个国家、一个地区、一个单位的领导活动都是在一定的历史基础上进行的，受到一些现有条件的影响和制约。一些领导者急功近利的一个重要原因就是没有认识领导连续性这个特征。领导活动是连续的，要求领导者在确定目标方向时，要认真研究历史，继承好的传统和经验，正确分析现实，对症下药，因势利导。

第二节　领导者的含义和特征

一、领导者的含义

领导主体在领导活动中的作用，是依靠领导者和被领导者在一定的环境下相互结合，并作用于工作对象才显示出来的。领导者和被领导者因为在领导活动中所处的地位不同，所以各自发挥和起到的作用也是不相同的。领导者始终处在率领和指挥位置上，他起着主导性和关键性的作用，是矛盾的主要方面。

所谓领导者，是指在组织中履行一定职务、承担一定责任、享有法定权力的个人或集团，是领导活动中处于主导地位的全体。

二、领导者的特征

（一）居于一定的领导职位

所谓领导职位，就是指国家根据领导者所处的不同层次、不同分工所赋予的不同领导岗位的权限和职责的统一。它是领导者实施领导职能所必不可少的客观条件之一。领导者相对于被领导者而言，主要的区别之一就是凡领导者，都是居于一定领导职位。

（二）承担一定的领导责任

所谓领导责任，就是指领导职责，即指领导者的职位、任务以及后果。虽然从根本上说，领导者同被领导者只是分工的不同，他只不过是以实施领导职能来为实现共同目标工作的，大目标都是要为人民服务和向人民负责的，但是，其职责的性质和内容还是与被领导者及其社会管理职责不同的。领导者的职责是率领、引导、组织、指挥、监督和协调被领导者及其活动，它是以处理人与人的关系为主线的；而被领导者所担负的职责，则是以处理人与物或物与物关系为主线的。

（三）享有一定权力

国家在对一定层次、分工的领导岗位规定一定领导职责后，为了保证其领导职能的有效实施，还要赋予其相应的以国家强制力保证实施的法定权力。例如领导者的法定决策权、用人权、指挥权和监督权，以及对决策执行的强制权、奖励权和处分权等。当然，领导者实施领导行为不仅是依靠权力，而且他还要依靠自身素养所形成的影响力，如威信等。但是，在客观上拥有一定权力，这是领导者不同于被领导者的重要特征之一。

（四）为社会造福和为人民谋利益

在我国，共同的利益目标把全国各族人民团结成了一个以中国共产党为核心的统一整体，人们所从事的不同工作，只不过是社会分工的不同，并没有什么高低贵贱之分。领导者处在领导岗位，与其他被领导者的不同，就是他是担负领导职责的。但从根本上说，凡是领导者，不论职位高低，都是为着一个社会大目标奋斗的，都是由人民推举出来的，为社会造福和为人民谋利益的社会公仆和勤务员。

三、领导者的职、权、责、利

（一）领导者的职位

领导者的职位表示着领导者处于为人民服务和带领人民群众共同完成领导活动任务的地位。它寓含着领导者的相应职责和任务，例如要求领导者要为领导活动设计目标和进行规划，制定政策和制度，建立健全和完善领导机构，正确地选拔、使用和配备干部，并做好被领导者的思想政治工作等。

（二）领导者的权力

领导者的权力，也就是领导者所拥有的与其职位相应的各种法定权力。各级领导者的法定职权，是领导者从事领导活动的条件。它包括：对组织或团体的目标及其实现途径等重大问题的决策权；对组织或团体的各种活动的指挥、协调权；对直接下级人员的任免、奖惩权；对所属人力、物力、财力的支配权；对上级机关的建议、提案权；对下级人员的监督、检查权和授权权；对外工作的法定代表权；等等。如果国家只授给领导者一定的职位，却不赋予一定的法定权力，那么，其职位还是空的。所以，领导者的职权，是确保领导者有效开展工作，履行领导职责的力量和后盾。

（三）领导者的责任

领导者的责任，是指领导者对所具有的领导职位应负的职责。它包括：①政治责任。就是领导者必须对政治负责。今天，领导者的政治责任就是必须积极地贯彻党的路线、方针和政策，在政治上同党中央保持一致，认真完成上级交给的各项任务，自觉地接受上级组织和人民群众的监督。②工作责任。领导者必须为组织和团体提出正确的目标和方向；制定出正确的战略和策略；建立良好的工作秩序；合理地利用人、财、物等资源；保证领导组织的正常运转；努力提高经济效益和社会效益。③法律责任。领导者必须在国家法律、法令和各种规章制度的范围内工作，对违法乱纪和玩忽职守，以及造成不应有损失的，都要负相应的法律责任。很显然，国家授予领导者一定的职位和权力并不是目的，要求领导者负一定责任才是真正的目的。职位和权力，都不过是为确保领导者履行一定责任提供的保证条件。

（四）领导者的利益

领导者的利益，就是领导者在履行了领导职责之后，所应该获取的报酬和待遇。固然，社会主义领导者从其根本宗旨说，就是服务，就是要全心全意地为人民谋利益。因而领导者应当任劳任怨，不计报酬，一心为人民作贡献。但是，必须明确，按照马克思主义物质利益原则，人们所从事的一切社会革命，一切生产活动，也包括无产阶级革命和社会主义建设在内，都是为了谋取一定的利益的。正因为有了实现社会主义和共产主义这个利益大目标，才使得广大人民团结在党的周围，形成了一种无坚不摧的强大革命和建设力量。特别在社会主义初级阶段，劳动还只是人们谋生的手段和取得报酬的尺度，对广大劳动人民群众一员的领导者来说，当然也应该把他们在领导工作中所负责任的大小，作为衡量他们贡献大小和应得报酬多少的尺度。只有在赋予领导者一定职位、权力、责任的同时，也按他们所负职责的大小，提供给他们相应的报酬、待遇，这样才可以满足他们谋生的需要，使他们保持从事领导工作的应有内在动力和积极性、主动性、创造性。

第二章　领导方法与艺术

第一节　领导方法的含义和特点

领导方法和领导艺术之间联系非常密切，因此，人们习惯于将领导方法与领导艺术合称为领导方法与艺术，或简单地称为领导方法或领导艺术，但实际上二者之间还是有着一定的区别的。为了使广大农村干部能够真正搞清二者之间的关系，我们首先从基本的概念入手，帮助大家对领导方法与领导艺术有一个正确的理解。

一、领导方法的含义

“方法”是人们在认识世界、改造世界过程中，为了达到某个目的，而发挥人的主观能动性来运用各种物质、能量、信息的一系列技巧、方式和手段。人们在认识世界和改造世界的实践中，由于对象不同，因此使用的方法也不完全相同。

“领导方法”是领导者在领导工作中认识、把握自己所领导的系统及环境，并组织该系统为达到某一目标而采取的一系列技巧和手段的总和。从广义上说，领导方法不仅包括领导者个人的思想方法和工作方法，而且包括制定使用诸如政令、政策、规章、制度、会议、道德规范等上层建筑。

二、领导方法的特点

了解领导方法的基本特点，是为了更好地使用领导方法，从马克思主义哲学看，领导方法具有客观性、动态性、条件性、目的性、时效性、创新性。具体分述如下：

（一）客观性

领导方法的客观性，是指任何领导方法都有特定的适用范围和对象，它是使领导系统从一种状态到另一种状态的过渡，而领导状态的交替，有其自有的、不以人的意志为转移的规律。领导方法建立在这些规律基础之上，是联系诸规律的规律，它揭示了领导系统运动规律之间的本质的、必然的、稳定的联系，因而是客观的。

（二）动态性

领导方法具有动态性，这是由于领导是不断发展变化的，适应这种变化，领导方法必须“随时而变，因需而动”。缺乏动态型的领导方法将使领导活动变得生硬僵化，而动态性较强的领导方法却能使领导活动协调和谐，保证领导目标的实现。

（三）条件性

领导方法的条件性根源于规律的条件性。正如规律总是在一定的条件下发挥作用，领导方法效用的产生也总是与一定的条件相联系。世界上没有包治百病的良药，也没有放之四海而皆准的领导方法。

（四）目的性

领导方法具有目的性，这是因为领导是有目的的活动，领导方法总是为一定的领导目标服务，并在达到一定的领导目标的过程中体现其目的性。这就要求领导者必须根据领导目标来选择方法，在使用方法时，又要随时掌握它们的效用及其发挥的条件，以促进领导目标的实现。

（五）时效性

领导方法的实效性，根源于它的条件性，是指领导方法的效应是时间的函数，随着时间的推移，领导活动的内外条件的变化，势必会影响领导方法效应的涨落。在实际工作中，领导方法效应的降低并不等于方法本身的衰老。方法是规律，只要与它相关联的条件具备了，它就会一再体现出效应。传统方法之所以能保持生命力和高效应，也是领导方法时效性的反映。

（六）创新性

领导方法具有创新性，这是时代的要求。当今时代竞争激烈，生活节奏和知识更新加快，适应这种需要，领导工作要除旧布新，不断开拓前进，这就要求领导方法具有创新性，即要求领导方法能充分利用当代科学的新成果，不仅要以当代哲学体系作为自己的基础，还要用心理学、经济学、社会学、人才学，乃至各种自然科学的新理论、新技术来充实自己，不断实现创新。

第二节　领导艺术的含义和特点

一、领导艺术的含义

领导艺术是领导者在实践中遵循领导规律的要求，创造性地运用领导方法，巧妙而有效地实现领导目标的状态和境界。众所周知，每一个领导者都在进行领导实践，其中有成功的、有失败的，失败的实践自然不能成为领导艺术。在成功的实践中，有一般性的成功，有比较理想的成功，有十分杰出的成功，其中哪些能称为领导艺术？那些一般性成功，显然不能称为领导艺术，不然领导成就上的平凡和杰出就没有区别了，领导艺术也就没有研究的价值了。因为，这同把每一个人的说话都看做是歌唱艺术是没有区别的，因此领导艺术只能是领导实践中的完美状态和完美境界，是对领导方法的创造性运用和巧妙运用。

由于领导艺术来源于领导者的素质，而领导者素质又是各不相同、各有特点的，因而领导艺术有很强的文化特点、时代特色和个人特质。例如，任何领导目标的实现都必须是领导者和被领导者相结合，但怎么结合，结合的具体方式、方法在不同的文化背景、时代背景、阶段背景以及领导者和被领导者的具体素质条件下，是不相同的。因为主客观情况不同，领导实践是主客观的结合，自然也有不同的特色，领导艺术也相应有不同的特色。毛泽东和周恩来是同时代的领导者，他们的领导艺术就具有明显的个人特色。这个特色来源于他们各自的性格、思维类型、知识结构等方面的差异。

二、领导艺术的特点

领导艺术既然是领导者在领导活动中表现出来的高超技巧，因此，它具有以下特点：

（一）灵活性

领导艺术要求领导者在思考与处理问题时应该有一种应变能力，即能够根据实际情况，做出透彻的分析。

（二）动态性

领导艺术来源于领导者个人知识阅历和经验，它并不是一成不变的，而是随着领导科学的应用，实践经验的积累，不断完善和充实内容，进而不断完善和发展。

（三）多样性

领导艺术是一种生动活泼、丰富多彩、千姿百态的技艺，因为不同的领导者在承办相同的事情中，往往表现出迥然不同的技术。就是在一个人身上，由于时间、地点等条件的变化，也会有不尽相同的解决问题的方式和方法。

（四）创造性

领导艺术必须体现领导者生气勃勃的创造才能，它绝不因循守旧，墨守成规，而是构思新颖、风格独特，它是领导智慧和才华的结晶。

第三节　农村干部学习并掌握领导方法与艺术的重要性

科学的领导方法与艺术，是完成领导任务，实现领导工作科学化的重要的和必要的条件。毛泽东同志曾指出：“我们不但要提出任务，而且要解决完成任务的方法问题。我们的任务是过河，但是没有桥或没有船就不能过。不解决桥或船的问题，过河就是一句空话。”毛泽东同志这个形象的比喻，生动而深刻地说明了解决领导方法与艺术问题对于做好领导工作、实现领导目标的重要性。因而我们的农村干部必须充分认识学习和运用领导方法与艺术的重要意义。

一、农村干部学习并掌握领导方法与艺术是实现领导目标的重要保证

毛泽东同志曾经指出：“领导方法很重要。要不犯错误，就要注意领导方法，加强领导。”对一个农村干部来讲，由于农村干部本身地位的决定，他不仅要提出任务，而且要解决完成任务的方法与艺术问题；不仅要理解正确的方针政策，而且要制定正确的工作方法与艺术。方法与艺术问题不解决，完成任务势必成为一句空话；方法与艺术错了，也必然会使工作出现失误。这正如毛泽东同志关于过河的比喻，过河是任务，船和桥是方法，没有船和桥就不能过河，不解决船和桥的问题，过河就是一句空话。在有了船和桥之后，怎样恰当地使用船和桥的一些具体操作的细节问题就是艺术，如果不根据当时、当地的具体情况，具体问题具体分析，选择最佳实施方案，就会出现事倍功半等效果不佳的现象。比如，在乘船渡河时，我们一定要看水势、察风向，选择最佳路径和最快最省力的方案。可见，掌握一定的领导方法和艺术，对领导者实施领导目标来说，确实是一件十分重要的事情。无数事实也证明，凡属正确的领导，都是与正确的方法与艺术分不开的。我们党在长期的革命斗争和社会主义建设实践中，把马克思

主义的普遍真理同中国实际相结合，形成了一整套适合我国国情的行之有效的领导方法与艺术。比如实事求是、一切从实际出发、调查研究、群众路线、坚持两分法、抓中心环节、以点带面点面结合、抓两头带中间、解剖麻雀、统筹兼顾等。我党运用这些科学的领导方法与艺术，使我们的革命和建设取得了一系列的伟大胜利。这些方法与艺术是我党几十年来千百万干部实践经验和智慧的结晶。今天仍然值得我们继承和发展。

二、农村干部学习并掌握领导方法与艺术是完成农村各项任务的迫切需要

当前，我国仍处于社会主义初级阶段，这就要求农村干部一切工作都要围绕经济建设这个中心，都要服从和服务于这个中心，努力发展社会生产力，不断满足人民日益增长的物质生活和文化生活的需要。这是农村干部在新时期面临的新情况、新任务。面对新的工作任务，要求农村干部不能简单地照搬过去的经验，要从新的实际出发，选择并运用新的工作方法与艺术，只有这样，农村干部才能完成任务。在我国广大农村基本实行联产承包责任制后，农村领导显然不能用人民公社时的领导方法与艺术去领导农业生产。我们现在所处的是信息时代，科学技术发展日新月异。农业和农村的现代化，就是以当代的科学技术的重大发展和正在进行的新技术革命为历史背景的。领导方法与艺术也必然要适应科学技术发展和社会进步的要求，彻底摆脱传统农村经济模式的影响，转到科学化的管理上来。过去领导方法上的个人拍板、一言堂较多，习惯于依靠个人直接经验作为领导组织的主要手段，这显然是不行的。

三、农村干部努力学习并掌握科学的领导方法与艺术是提高农村干部队伍整体素质和能力的要求

领导方法与艺术是领导者素质方面的一个重要体现。一个好的农村干部，必然是一个掌握运用领导方法和领导艺术较好的人。不掌握科学的领导方法与艺术，绝不是一个好的农村干部。我们在现实生活中常常发现这样的情况，都是在党中央正确的方针、路线、政策指引

下，其他客观条件也大体相同，领导层也都是尽心尽力的，可是为什么有的农村工作搞得很好，成绩很显著，经常受上级表扬；有的农村工作就是一般化，老和尚帽子平塌塌；更有少数农村，局面未打开、任务未完成、经济不发展、上级不满意、群众有意见、自己也不满意。这里一个很重要的原因，就是与农村干部运用的方法与艺术是否得当、是否符合实际有很大的关系。农村干部现在正处于改革和发展的关键时期，我们的工作如何，将直接决定农村改革和农业、农村现代化建设的成败，因而必须尽快掌握科学的领导方法、一定的领导艺术，以不负时代的要求、党和人民群众的期望，在自己任职期间为党和人民多做几件好事。对于村一级的领导来说，因为处于最基层，同群众接触的机会多，很多事情往往要亲自去处理，因此掌握一定的领导方法和艺术，就显得格外重要。要通过学习掌握一定的领导方法与艺术，不断提高自身的素质，进而提高领导能力与水平。周恩来同志在《怎样做一个好的领导者》一文中，明确指出一个好的领导者，必须掌握“领导艺术”、“工作方法”。而他本人也是这方面的模范。美国前总统尼克松在他的回忆录《领袖们》一书中，盛赞周恩来同志的领导艺术已到了炉火纯青的地步。周恩来同志在这方面的修养，同样是全体农村干部的楷模，值得我们学习。

四、农村干部学习并掌握领导方法与艺术是实现农村领导工作科学化的迫切要求

领导方法与艺术的出现和日趋完善，突破了经验性领导操作的局限性，克服了随意性领导操作的片面性，消除了领导工作科学化的障碍，使得领导理论与领导实践有机地结合起来。一方面，理论化、规范化的领导经验与理论体系便于农村干部学习与掌握，并在实际操作中普及应用；另一方面，完整的、系统的、精确的方法艺术体系为农村干部操作提供了定量分析、规范处理的工具。因此，农村干部在实际工作中减少了应付性、被动性和盲目性，而增强了计划性、可行性和自觉性，领导工作由凭经验应付的低级阶段，经验教条出发的盲动阶段，上升到了运用方法与艺术操作、自觉控制的高级阶段。当前对于广大农村地区来讲，在农村干部领导方法与艺术上仍然存在有很多

的问题，特别是工作中凭经验办事，按教条办事，工作不讲方法与艺术，工作方式简单粗暴，工作的科学性不够，这些都严重地影响了农村经济和社会的发展，影响了农业和农村的现代化。要解决这些问题，就必须提高农村干部的领导方法与艺术，通过学习，解决领导方法与艺术问题，逐步实现农村领导工作的科学化、规范化，以保证农村各项工作的顺利进行。

五、农村干部学习并掌握领导方法与艺术有利于调动广大农民群众的积极性

领导目标的实现，离不开两个积极性。一个是领导者的积极性，另一个是群众的积极性。群众积极性发挥的程度，固然决定于制度、方针、政策，但在很大程度上也受领导方法与艺术的影响和制约。领导方法是农村干部联系群众的桥梁和纽带。如果农村干部注重采取各种有效的方法激发群众的工作热忱，放手让他们创造性地开展工作，群众的积极性和创造性就能够得到充分发挥，领导目标也就不难实现。因此，我们党在农村工作中历来重视行之有效地调动群众积极性的领导方法。在实际工作中有的领导人心眼也好，热情高干劲大，出了不少力，吃了不少苦，可是“出力不讨好”，究其原因，往往是领导方法与艺术不对头，广大农民群众的积极性没有调动起来。所以，有无科学的领导方法与艺术，对于能否调动广大农民群众的积极性关系极大。

第四节　农村干部提高领导方法与艺术的途径

领导方法与艺术既然在领导活动中具有十分重要的地位和作用，我们就应与时俱进，学习并掌握先进的领导方法与艺术，不断提高自己的领导方法与艺术。

一、善于学习并掌握领导方法与艺术的理论

善于学习，掌握领导方法与艺术的理论，一是要掌握马克思主义的辩证唯物主义和历史唯物主义理论。我们学习、研究的是马克思主

义的、科学的领导方法与艺术，而马克思主义的辩证唯物主义和历史唯物主义理论是贯穿领导方法与艺术中的一条红线，是领导方法与艺术的理论基础。只有掌握了马克思主义的辩证唯物主义和历史唯物主义理论，才能真正理解领导方法与艺术的科学性。二是要学习马列主义、毛泽东思想、邓小平理论、“三个代表”重要思想和科学发展观理论中有关领导方法与艺术的论述。马列主义、毛泽东思想、邓小平理论、“三个代表”重要思想和科学发展观理论中有许多关于领导科学、领导方法、领导艺术的论述和经验，它是一个巨大的领导方法与艺术的宝库。特别是以毛泽东、邓小平、江泽民为核心的党的三代领导集体和以胡锦涛同志为总书记的党中央在领导中国人民革命和建设、改革和开放的过程中，创造了一整套的领导方法与艺术的科学理论。诸如实事求是、调查研究、一切从实际出发、按照实际情况决定工作方针、主观指导要与客观实际相结合、具体情况具体分析、用不同的方法解决不同的矛盾、学会“弹钢琴”、抓两头带中间、胸中有数、留有余地、两手抓等，已为广大干部所熟悉。我们必须十分珍视革命先辈们给我们留下的这份宝贵遗产，真正学懂弄通，使它在新时期、新任务面前发扬光大。三是要弄清楚不同领导方法产生的历史条件。要搞清楚每一种领导方法与艺术是在什么样的历史条件下产生的，它的适用范围是什么，在新的历史条件下如何运用它，弄清楚这种领导方法的特殊意义和普遍意义在哪里，把这些问题搞清楚了，也就从理论上弄懂、弄通了，也就从根本上掌握了这种领导方法与艺术。

二、坚持理论与实际相结合的实践锻炼

实践是主体能动地改造客体活动，也是主客体相互作用的过程。这里的实践是指理论联系实际的实践，不包括缺乏理论指导的盲目摸索。因为摸索的实践虽然也能使人提高，但十分缓慢，只有理论联系实际的实践，才能使广大农村干部迅速成长。领导方法与艺术是在符合领导规律的基础上形成的，不是缺乏理论指导仅靠摸索就能提高的，必须是理论与实际相结合。

不断进行理论与实际相结合的实践锻炼有两个方面作用：一是可以加深对理论的理解。理论是人们经验的总结和提炼，是对生活实践

的本质性概括。虽有抽象性、普遍性和本质性的优点，但也有苍白和贫乏的缺点，不如实践本身那么生动、丰富。因此农村干部要把掌握的理性知识再回复到实践中去，才能对理论有较为实在而得体的理解，否则只是纸上谈兵。二是可以加深对实际的理解。无数客观实际不断从人们眼前流过，又有多少人理解了多少？绝大多数人是熟视无睹的。牛顿理解了苹果从树上落下这一现象，得出了万有引力定律；马克思理解了人们天天打交道的商品和货币，阐明了资本的本质和规律。从大道理到小知识都包含在实际之中，人们只有进行实践才能深入实际和认识实际，从而丰富和发展理论，取得各种新的成功。

三、农村干部要不断提高自身的文化修养

（一）文化修养的含义

所谓文化修养，是指符合社会健康发展要求的思想观念和价值体系，是一种观念形态的文化。它凝结在文字著述、行为过程和器用物品之中。人们每时每刻都受着文化的熏陶，都在继承、创造和发展着某种文化并影响着社会历史的进程，其中尤以各级领导者的文化修养有着特别重要的意义。农村干部的文化修养主要是指农村干部看待和处理问题的思想观念和价值标准。它是农村干部通过受教育、读书学习和社会生活实践而逐渐形成的，表现在农村干部的人生目的、言行风范和处世态度及工作作风等方面。尤其是在农村干部实践的个人特色上，最充分地表现了农村干部的文化修养状况。农村干部加强文化修养，对提高领导方法与艺术有决定性意义。

（1）文化修养是农村干部的基本素质之一，贯穿在农村干部活动的各个方面，对领导过程有全面的直接影响。而领导方法与艺术是农村干部文化修养的自然表现和直接表现。因此，农村干部要提高领导方法与艺术就必须加强文化修养。

（2）农村干部文化修养的特点决定了其领导方法与艺术的特点。例如，领导方式方法选择，领导目标的价值取舍、工作作风和风格的特点、领导效能的实现状况等，无一不受农村干部文化修养所制约。因此一定特点的文化修养，必然表现为一定风格特色的领导方法与艺

术。如毛泽东的豪迈型、深远型特点，周恩来的儒雅风度和周密型特点，彭德怀将军的粗犷型、果断型特点，与他们的文化修养特点是有直接关系的。

总之，文化修养不同，思考问题看待问题的方式、角度就不同，领导行为的特点也不同，在领导实践中表现出的艺术特色也就不同。要提高领导方法与艺术，必须加强文化修养。

（二）加强文化修养的方法

（1）要培养对事物作哲理性审视的思想习惯。马克思认为哲学时代思维的精粹，对时代精神的各个方面都有指导作用。农村干部善于对事物做出哲理性审视，才能从深层次上透视事物并理解其全部含义，在公众中才能正确地评价和恰当地对待事物，表现出一定的领导方法与艺术。

（2）要善于学习和吸取中外文化的精华。现代社会不像古代社会，纯粹的草莽英雄是难以搞好领导工作的。市场经济时代必然要发生文化的交流与融合，其中凡是优秀的东西，都会被人们学习、吸收而得到保留、发扬，引发时代的新文化，如果农村干部不善于学习和吸收中外文化精华，就同时代要求不合拍了，也很难同广大群众在思想感情上一致，这种状况是很难有领导艺术可言的。相反，一切有较高领导方法与艺术的成功者，都是符合时代要求和群众要求的领导者，都是善于学习和吸收先进文化知识的人。除看书学习和阅读代表性著作之外，在社会交往中多观察分析，多做些社会考察，是学习吸收先进文化的重要方式。因为工作作风之类的文化品质，是从书本上看不出多少门道来的。

（3）要有一定的文学艺术素养，对文学艺术不能简单地看成消闲的东西，它们对领导方法与艺术虽无直接帮助，但却可以启迪心智，陶冶情操，提高农村干部的精神境界。这种提高而形成的高层次素养，都对领导方法与艺术有直接的帮助，成为领导方法与艺术的源泉之一。

第三章　农村干部科学决策的艺术

领导活动的过程，从一定意义上讲是制定决策和实施决策的过程。决策贯穿于领导活动的始终，并决定着领导活动的成效。因此，客观上要求决策科学化、民主化，这就需要领导者正确认识科学决策的作用，明确科学决策的程序和原则，掌握科学决策的方法，充分利用群众的智慧和力量，在实践中不断提高科学决策的水平和能力。

第一节　科学决策概述

一、科学决策的含义

农村干部科学决策，是指农村干部为解决本地在经济、社会发展中所面临的问题，根据上级布置的工作任务和确立的目标制订与选择行动方案，并指导行动以最终实现目标的过程。要正确理解决策概念，必须注意以下几个问题：

（1）农村干部个人处理生活上一些小事而作出的决定不属于决策，只有在重要事务管理中形成的决定才属于决策。

（2）决策是个动词，是一个分析问题，制订选择方案，解决问题的过程。它包括许多环节，绝非一瞬间的活动。因此，要善于从动态上理解决策的概念。有人把决策狭义地理解为方案的最后选定活动，即拍板定案，这种理解是不全面、不完整的。

（3）决策要针对本次存在的问题，认清现状，提出解决问题的方案，并对方案实施结果进行科学预测。

（4）决策要有明确的目标，即要完成一些任务，这些任务可能是上级布置的，也可能是本级组织定下的，这就是决策的目标，没有目标的决策是盲目的、无成效的决策。

（5）决策时要形成多个可供选择的方案，以便从中选优。

（6）决策的目的最终是为了指导实践、解决实际问题的，不付诸实践的决策，只能是纸上谈兵，没有什么实际意义。

二、科学决策的特点

农村干部决策是管理决策的一种，它除了具有管理决策的共同特点，即针对性、目标性、实施性、选择性、优化性、预测性之外，又有其自身特点，表现为：

（一）执行性

农村干部决策相对于其他类型的决策如中央决策，省、市决策等，是一种基层决策。这就决定了农村干部基本的任务，就是坚决地、正确地贯彻执行党的路线、方针、政策和上级的指示。基层领导决策的前提，就是要通晓党和国家的政策法令，以党的基本路线、方针、政策作指导，如果不熟悉或者不能正确领会党的路线、方针和政策，就不能做出正确的决策。

（二）从属性

这是由农村所处的地位决定的。国家、省、市决策覆盖面广，影响大，是关系全局利益的大事。基层决策覆盖面小，影响较小，大多是关系局部利益的事情。从全局和局部的关系来看，局部利益必须服从全局利益。这就决定了基层领导决策具有从属性。这一特点告诉我们，进行基层决策必须以大局为重，树立一盘棋的思想。如中央提出的西部大开发的战略决策，要求西部广大农村要退耕还林、退耕还草，这势必要让广大农村改变传统耕作习惯，农村领导在进行决策时必须服从中央的这一战略决策，而不能固守本区域利益不放。

（三）单一性

决策按其目标多寡，可分为单项目标决策和多项目标决策。在通常情况下，农村领导决策大多为解决某一个问题而采取的决策，属于单项目标决策。这种单一性，要求农村领导在决策时要有系统观念，前前后后都要考虑到，注意综合分析，不能顾此失彼。

（四）时效性

决策的成败与时间紧密联系，决策活动具有很强的时效性。为完成本级组织或上级布置的任务，在一定时间内，某个方案可能是最佳方案，而超过一定的时间限度，就可能成为“不佳”方案。所以，农村领导在进行决策时，必须尽力抓紧时机，当机立断，及时决策。迟疑不决，当断不断，反受其乱。特别是在当今农村社会变化加剧的情况下，决策具有更强的时效性，迅速而准确地决策，是对农村领导干部决策的一条基本要求。贻误时机，决策就会成为“马后炮”，导致不必要的损失。

三、科学决策的内容

（一）执行村民大会或村民代表会所确定的事项

执行村民大会或村民代表会所确定的事项是农村干部决策的主要内容。在我国广大农村，实行的是村民自治制度。对一个村来说，村民大会或村民代表会是最高权力机构，它可以对事关本村发展的所有重大问题做出决定。作为农村领导班子的党支部、村民委员会，必须坚决地不折不扣地执行村民大会或村民代表会确定的事项。如何把所要解决的问题在一定期限内通过种种措施，采取种种决策使问题圆满解决，是农村领导科学决策的主要目标。

（二）完成上级党委、政府布置的任务

广大农村处于最基层，同时农村人口又占我国总人口的大多数，为了加强对农业、农村、农民的领导，每年上级党委、政府都要布置大量的任务给农村。“上面千根线，下面一根针”，农村领导干部针对这些任务，必须通过决策，采取各种得力措施，保证完成上级党委、政府布置的任务。

（三）处置突发性事件

在农村事务管理中，突发性事件难以预料，它来势快、猛，处理不好可能会造成严重后果，如山区农村暴雨季节有时会遭遇到的泥石流、山体滑坡，平原地区会遭遇严重的旱涝灾害等。这就要求农村干部在最短时间内进行临时性紧急决策，制订应变方案，并组织好人力、物力，以便化险为夷，并把损失降低到最小限度。

（四）贯彻、执行党的路线、方针、政策

党的路线、方针、政策是一个时期内全国各地都要执行的行动纲领，作为人口占多数的农村，更要坚决贯彻执行党的路线、方针、政策，农村领导干部的职责就是把握其精神意图来做决策，并采取一定的方式把党的路线、方针、政策转化为实际行动。

第二节　科学决策的程序、方法与艺术

一、农村干部科学决策的基本程序

决策的程序又称“决策过程”，是指决策由提出到敲定所经过的过程。按照农村领导决策活动的内在规律，可将其划分为机构既相互独立，又前后相互联系的基本步骤。

（一）围绕目标，拟订备选方案

由于中国农村和农村干部处于社会的最基层，同时我国农村实行的又是村民自治，这就决定了农村干部决策的目标，就是围绕村民大会所议定的重大事项和上级布置的任务，研究和拟订实现目标任务的行动方案。拟订方案的过程，要掌握以下三个原则：一是目的性原则。

在拟订方案时，要始终把握住决策目标的要求。在拟订方案过程中，要对达到目标的各种条件进行客观的分析。只有这样，才能有的放矢，不脱离目标。二是可行性原则。必须从本地实际出发，量力而行，既要积极，又要稳妥，不主观臆断。三是多样化原则。要从各种不同的角度，考虑拟订可供选择的各种方案。

拟订方案大体可分为两步：第一步是轮廓设想，即初步设计。就是在准确掌握各种信息的基础上，运用科学的方法，从不同角度和各种途径，设想出各种不同的方案。第二步为精心设计。即根据第一步的初步设想，拟订出每一方案的具体执行条件和要求，务必使设计的方案周密完备，符合农村实际，经得起推敲和评论。

（二）征求各方意见，择优选定方案

方案拟订之后，在选定之前，应该充分征求各方面对备选方案的看法，要有民主作风，走群众路线，广开言路，切不可独断专行。既要征求上级领导、专家们的看法，也要倾听农民群众对方案的意见。总之，在选定方案之前一定要了解各方面对方案的反应，做到心中有数。征求意见是要使我们的决策更加合理、正确，最终的目的还是在于选择，没有选择也就没有决策。农村领导干部在充分征求各方面意见，综合评估，权衡各个方案的利弊后，最后要从备选方案中选择其一，或综合其一。如何择优选定方案呢？这里就要有一个合理的评选标准问题。不同的决策，评选的标准肯定不会一样。一般来说，评选方案的基本标准是，要切实保证决策目标的实现。在选择方案时就要根据备选方案同决策目标的贴近程度来进行。远离决策目标的方案，不管它多么周密完备，也是不可取的。其标准应是：第一，耗费少，即所花费的人力、财力、物力、时间少。第二，风险小，即对外部环境和意外事件适应性强。第三，副作用小，即实现目标对其他方面副作用小。

（三）实施决策，实现目标

实施决策是决策程序的最终阶段，这一阶段主要有两方面的工作：一是组织实施；二是进行追踪决策。组织实施就是把决策意图转化为

群众的行动。追踪决策就是对失误决策的修正。对此，农村领导干部要保持清醒的头脑，认真调查分析，找出决策失误的关键和补救方法。追踪决策的根本目的，是要把损失减少到最低限度。因此，要找到决策失误的原因，既不草率，又不延误时间，只有这样才能避免重大损失。

针对农村的现状，部分农民群众可能文化水平不高，接受能力较差，甚至有思想顾虑等问题，有时在论证评估选定方案之后，可进行局部试验，以验证其方案运行的可靠性。这种方法就是我们通常所说的“试点”。经过试点如果成功，可通过逐步推广的方法，进入全面普遍实施阶段。如果不行，那就必须反馈回去，进行决策修正。作为试点，农村干部要多起带头和典型示范作用。商水县练集镇朱集村决定种植“美人指”葡萄，为了把村领导的决策普遍实施，村干部带头试种，在让群众看到明显的经济效益之后，又手把手地教给群众种植技术，这一决策很快得以顺利实施。

上述农村领导干部决策的步骤，相互联系、相互制约，构成一个完整的决策动态过程。农村领导干部都要按照这一程序进行决策，从而确保决策的科学性和可靠性。但是又不能把它看成是一个僵死的公式，要在实际工作中，把握具体情况，把原则性和灵活性结合起来进行决策。

二、农村干部科学决策常用的方法与艺术

在农村领导活动中，为了作好各种决策，总是要运用一定的方法。只有方法科学，才能迅速而有效地作出正确的决策。因此，认真研究、不断探索和正确运用决策方法，就成为领导决策过程的一项重要任务。一般来说，农村领导决策的方法主要有：

（一）调查研究方法

调查研究是科学决策的第一步。它要求通过细致周密的调查，摸清实现决策目标从头到尾各个部分的现实情况。情况要真实、全面、系统、可靠，要尽可能具体，并掌握精确的数据。同时要有选择地调查影响决策实现的各种外部情况。所得的全部资料，必须按科学的分

类归档整理，妥善保存、管理，使资料便于使用。对经过整理的材料，应系统、认真地进行分析和研究，以达到对现状有一个综合的、本质的了解。为了使调查做到系统化、定量化、程序化，应根据决策对象的不同分别采取以下不同的调查方法：系统化调查，就是通过调查，全面地了解解决问题的各个方面、各个要素及其相互关系，掌握全面的、准确的统计数据，了解事物各个方面在总体中的地位、作用，以使决策者能够系统地掌握整体情况；定量化调查，这种方法要求在调查研究中分析事物的数量关系，并用数学关系式把调查的问题以及问题的各个方面、各个要素在空间、时间等方面的变化程度、变化趋势表示出来，使决策者把握事物的数量关系，从而为决策科学化提供可靠的依据；程序化调查，这种方法要求把调查研究过程分成几个有机组成部分，或相互联系的几个步骤，并根据决策所需信息的特性有步骤地进行工作。在进行调查研究中，必须依据调查的具体情况，选择相应的调查方法。在实际工作中，我们常常同时并用多种调查方法，把定性分析和定量分析相结合，随机抽样法和典型抽样法相结合，典型调查和普遍调查相结合，直接调查和间接调查相结合等。

调查研究是一项经常性、长期性的工作，除了每项工作、每个决策要搞调查研究外，还应注意积累调查资料。如不少乡镇选择若干村、若干户，每年都去调查一次，将各类资料纵向、横向的比较分析，从中能发现很多问题。调查研究要强调质量，应精心设计各种报表，不随意滥发统计报表，严格填报与呈报制度。农村干部应对各种统计数字、调查情况作必要的复核审查，防止报喜不报忧、弄虚作假等不良现象的发生。

（二）经验决策法

经验决策法是农村领导干部为了执行中央的路线、方针、政策，完成上级布置的任务，达到本级组织所确定的目标，运用自己的智慧、经验作出正确的判断，形成正确决策的方法。农村领导者在进行经验型决策的时候，应当完成一定的准备工作，明确以下几个问题：

（1）明确是否应该由自己来做决策。农村领导干部在决策之前，首先要考虑这项决策所涉及的职权范围和限制因素，然后才能分辨出它应由谁来做决策。如果属于下属的工作，领导者应把它交给下属去办，不应干涉下属的工作；如果属于上级职权范围内的决策，不可越级作决定。因为处于局部岗位的领导者，一般不了解全局的情况，在未得到上级授权的情况下，不应该越级对属于全局性的问题作决定。

（2）明确是否值得自己做决策。做任何决策都必须考虑决策的价值。鉴别一项决定是否有价值，最简单的办法就是反问一句：假如这个问题不解决，将会失掉什么？这样就可以很快透视出问题的重要性了，在考虑决策价值的时候，应同时考虑决策可能带来的后果。

（3）明确在什么时候作出决定。时机对于农村领导干部来说是一个非常重要的因素。条件不成熟时就匆忙决定是冒险的行动；条件成熟了却拖延不决，优势将会转化为劣势。把握时机，当断即断，则是胜利之本。

（4）明确是否已经掌握决策的必要事实。只有掌握了有关决策尽可能多的材料和事实，才能作出比较准确、全面的决策。

（5）明确怎样作决定。农村领导干部应仔细衡量各种方案利弊优劣，掌握亏损和获益的尽可能准确的数据，从中选择最优方案。

（三）民主讨论法

为了执行党在农村的各项路线、方针、政策以及上级布置的任务，农村领导班子必须在实际工作中充分发扬民主，运用各种形式让群众及干部畅所欲言，充分发表自己的看法，集思广益，集中大家的智慧，找到切实可行的实施方案，这就是民主讨论法。具体来说，民主讨论法有以下几种方式：

（1）村民直接参与的决策。针对如何实施村民大会确定的目标，农村领导班子可以采取一些行之有效的方式让广大村民参与决策，如设立意见建议箱，收集书面建议意见，分头入户听取村民的看法等。这种方法可以让村民说出自己的真心话，一旦在此基础上形成决策，也容易得到村民的认可，决策的实施相对较为容易。但目前村民素质普遍较低，由于涉及每个人不同利益，常常形成不同甚至相反的意见，有时会使农村领导决策难以出台。

（2）村民代表会决策。即农村领导班子适时召开村民代表会，让村民代表提建议、看法并从中形成决策。目前，由于各个村村情不同，召开村民大会较为不易，定期或不定期召开村民代表会就是一种较为现实的形式。由于村民代表可以代表农村不同利益阶层，村民代表的意见也可以代表全村大多数人的意见，又由于村民代表经常与村干部接触，在此基础上形成的决策较易为干群接受。

（3）党支部、村委会联席会决策。在广大村民中，由于农村领导班子人员素质相对高，经验也较丰富，充分发动他们说真话，将会使决策较完善。“两委”联席会可就村民大会形成的决议展开广泛深入的讨论，把如何完成所定任务的方方面面都考虑到，从不同的角度提出不同的意见，会使决策更加周密、可行。

这几种决策方法的共同要求是要让所有参与决策的人员开动脑子，说真话，敢说话，在民主气氛下展开热烈的讨论，进而形成科学的决策。这就需要农村领导班子营造一种良好的氛围，处事公正，一切依法办事，不打击、不报复，一切为村民着想。

（四）历史比较法

历史比较法就是把同类问题在历史上呈现的不同结果作对比。不仅比优劣，还要比影响优劣的因素和条件。既要定性，更要定量。比较的结果不能只是用文字来表述，要尽可能用统计、图表等数学方法精确地表达。作好历史比较的关键在于全面地收集历史文献资料，同时邀请知情人座谈，以总结历史的经验教训，发现其中的规律，指导今天的决策。在运用历史比较法时，必须警惕和防止只顾一点不计其余，只作机械类比而不顾情况变化，只为主观设想寻找个别例证等偏向。

第三节　农村领导干部决策中存在的主要问题与对策

改革开放以来，随着农村政治经济的发展，一批有着较高文化素质的人员逐渐走上了农村领导岗位，有力地推动了农村各项工作的顺利开展。但是，我们也应该看到，面对新形势、新任务，农村领导干部在管理素质上还有很多缺欠之处，尤其是农村领导科学决策水平不高，致使村民大会所定目标不能完成，党中央的“富民政策”不能顺利实现，这就需要加强这方面的学习，并在实际工作中加以融会贯通，最大限度地避免决策失误的出现。

一、农村领导干部决策中存在的主要问题

（一）不重视调查研究，决策所需信息量少且不准确，造成决策偏离目标

没有调查就没有发言权。农村干部只有通过调查研究才能掌握农村的实际，了解相应的信息，才能作出科学的决策。因此可以说，信息是农村领导决策的基础。信息越全面、越准确，决策过程中思维的广度和深度越大，决策的科学化程度也就越高。信息缺乏，将会影响到决策质量；信息错误，将导致决策失误。决策是要付诸实施的，要实施就要求农村领导决策要切合农村的实际情况，具有现实的可行性。决策的可行性，主要取决于现实的主观、客观情况。如果决策超出现实条件，片面追求高速度、高指标，结果只能是欲速则不达。对农村情况的准确把握来源于调查研究。如果不重视调查研究和信息的收集整理，就得不到完整准确的信息，最终影响到决策目标的实现。农村领导者如果不注意、不重视周围和上级的信息，对决策的可行性考虑不周，就会造成决策的严重失误。

（二）不重视科学预测，对方案不对比、不选优，主观武断，使决策走进“死胡同”

决策总是面向未来的，因而决策就离不开科学预测。科学预测是农村领导决策科学化的前提和依据。决策者要在掌握大量有关信息的基础上，运用科学的预测方法，敏锐地推断和预测未来，预见执行决策的前景和可能遇到的问题，以便作出相应多种备选对策，并从多种方案当中进行比较、判断，选择出最优化的方案。没有对比选择，就无从优化。不追求优化，就难以做出最好的决策。如果没有科学预测，没有对比选优，决策将是盲目的，甚至造成极为严重的损失。近年来某些农村领导干部，热衷于搞“花架子”、“政绩工程”，不经过深

入调查研究，不做详细科学预测，头脑一热，就拍板定案，其后果是劳民伤财，害人害己。这样头脑发热的决策，由于没有科学预测，遇到问题便可能无计可施，这是农村领导进行决策时所必须警惕的。

（三）决策方式上不重视民主参与，甚至独断专行，搞“长官意志式”决策，使决策失误增多

目前某些农村领导干部在对村里事物尤其是关系本村发展的重大问题的处理上，不重视、不允许别人参与，个人或少数人说了算，不但使决策失误的可能性增大，而且也无形中增加了决策实施的阻力。决策的民主化与科学化是紧密联系的。民主化是科学化的前提，没有民主化，就没有科学化。而民主化的关键则是农村领导干部能否充分发动其他人参与决策。这体现在两个方面：一是决策要符合农村群众的利益，并要靠他们去实现。这就有利于体现人民当家做主、发挥群众的积极性和创造精神，使决策更加符合客观事物的发展规律。二是决策要尊重专家、科技人员及“能人”们的意见。通过他们集思广益，评估方案，从而达到决策科学化的目的，凡是农村各项工作管理得好，农村各项事业快速发展的地方，其领导干部在制定决策时，都是想方设法让群众和其他人员积极参与以达到科学决策的民主化。

（四）决策环境不佳，内外干扰过多，影响了正确决策

近年来，随着广大农村居民法制意识逐步增强，村民自治的深入人心，农村领导决策的环境也有了较大改善。但同时，也应看到决策环境仍然存在一些不容忽视的问题：乡镇等上级部门把村委会当成其下属机构，过多干预农村领导班子的事务，甚至代替村委会进行决策，造成越位决策；村党支部同村委会在决策时关系不明确，村党支部包办了村委会的决策权，造成村党支部同村委会对立，或是弱化村委会的权力，村委会形同虚设；部分村民文化素质较低，提出一些不切实际的意见，或是从自身或家族利益出发，提出片面意见；一些农村宗族势力、派系势力，甚至是黑恶势力，对农村领导班子在作决策时施加影响，以达到自己的目的。这些问题都严重干扰和影响了农村干部的科学决策，影响了农村各项事业的发展。

二、解决农村领导干部决策中存在问题的对策

农村领导干部决策中存在的问题，究其原因既有历史的，也有现实的，同时也有农村领导干部自身的。为了纠正和克服农村领导决策中存在的问题，应做好以下几个方面的工作：

（一）加强学习，增强农村干部的党性修养，提高对农村领导决策工作重要性的认识

农村领导干部决策失误的一个非常重要原因，就是农村干部自身的修养不够，没有从全局和农村社会发展的角度去看待决策问题，对领导决策重要性的认识不够。为此，农村干部要加强学习。在学习中，农村干部既要学习马列主义、毛泽东思想、邓小平理论、“三个代表”重要思想和科学发展观以及党和国家关于农村工作的各项路线、方针、政策，也要学习现代领导方法与艺术，学习现代科技和现代管理知识。要通过学习，用先进的理论武装自己，不断提高自己的素质和党性修养，树立正确的世界观、人生观和价值观，进一步增强对做好农村决策工作重要性的认识，从战略和全局的高度看待自己所从事的农村领导工作，从思想上消除糊涂认识。

（二）坚持调查研究，准确把握农村的情况

搞好调查研究，是我们准确把握农村情况的基础。没有调查研究，农村的领导决策就不可能与农村的实际情况相符合，有时甚至会出现错误的决策，农村的工作就会陷入被动，甚至会引发农民群众的强烈反对。为了使农村领导决策更加符合农村实际，更能符合农民群众的利益，广大农村干部要大兴调查研究之风。一要充分利用农村干部与广大农民群众工作、生活在一起的有利条件，随时随地开展调查，了解本村政治、经济、文化等方面的情况，倾听广大农民群众对本村工作的看法和意见。通过调查研究，真正做到对本村情况了如指掌，这样就非常有利于农村干部在解决重大问题时做出科学的决策。二要在了解本村情况的基础上，扩大调查研究的范围。为了能够了解外村或外地农村发展的情况，并通过比较明确本村以后的工作任务和目标，

农村干部调查的范围要大一些，以利于发现问题，找出不足并迎头赶上。为了在农村形成一种调查研究的良好风气，可在农村干部的任期目标中根据其工作的职责，明确写出调查研究的次数，并作为对农村干部的一项考核内容。

（三）建章立制，规范农村领导决策

为了保证农村的各项决策更加科学化，符合农村工作的实际，避免农村领导决策中的随意性和个人或少数人说了算的现象，可以制定一些制度。比如，可以制定《民主议事制度》、《农村领导决策工作程序》等，用制度和办法来约束所有村干部的决策行为。凡是村里的重大决策必须按照规定进行，对一些违反规定的决策行为，村里其他干部有权拒绝执行。如果有必要，其他村干部可以向上级反映情况，征得上级领导支持并制止其决策的实施，也可以将此情况提交村民大会讨论，纠正其错误的决策。对参与决策的人，要坚持责权一致的原则，建立责任追究制度。谁做决策，谁就应对决策负责，并要对决策执行过程中的问题负责。如果因决策失误或不当给农村工作造成了损失，要与其工作考核、奖惩及职务的任免挂钩。总之，就是要通过建章立制来规范村干部的决策行为，并通过制定的约束使得广大农村干部逐步养成良好的科学决策习惯，保证农村工作的科学化。

（四）坚持群众路线，充分发扬民主，并注意发挥智囊团的作用

农村领导干部在决策中，必须走群众路线，要把决策变成集思广益的过程。在社会主义条件下，人民群众是国家的主人，他们有权参与决策。对于一个村集体来说，领导决策关系着整体的利益，关系着每个成员的利益，因此组织的每个成员都有权参与决策。群众是实践的主体，只有让群众广泛地参与决策，发挥他们的聪明才智，才能从根本上保证领导决策的正确性。从决策执行的角度来说，让广大群众特别是那些决策的执行者参与决策，使他们深刻地了解决策，从心里赞同决策，这无疑会有助于决策的实施。

在农村领导决策过程中，要注意发挥能人、专家和参谋智囊人员的作用。智囊团是农村领导干部的外脑和思想库。依靠智囊团是现代

领导的一个特征。领导干部要处理好与智囊团的关系，要保证智囊团相对独立地开展工作，要鼓励参谋人员提出与领导干部不同的意见。

（五）优化决策环境

保证村级组织之间以及村级组织与上级组织之间有一个协调的关系、运转良好的环境，是实现村务民主决策的重要条件。如果各组织之间互相扯皮，决策就不可能正常做出，做出以后也很难顺利落实。村级各组织之间的关系，有些是可以用制度给予明确划分的，但有些也不可能分得很清楚。所以，一方面要尽量用制度进行规范；另一方面各组织要注意互相理解，互相支持，互相补台。实现各组织之间的协调运行，主要是要协调好党支部与村民委员会之间、党支部与村民会议和村民代表会议之间、村民委员会与村民会议和村民代表会议之间以及村级组织和乡镇政府之间的关系。村党支部与村民委员会之间的关系，主要是解决好党支部如何发挥领导核心作用和村民委员会如何接受党的领导的问题；党支部与村民会议和村民代表会议之间，主要是党支部如何发挥决策核心作用的问题；村民委员会与村民会议和村民代表会议之间，主要是处理好决策与执行的关系；乡镇政府与村级组织之间，重点是要明确在具体工作中如何体现指导与被指导的关系。

对一些宗族势力、派系势力，甚至流氓黑恶势力对农村领导决策的干预，农村干部一方面要高度警惕，坚决反对，并在决策中不受这些势力的干扰；另一方面，对一些影响特别坏的势力，要协同上级机关和公安司法部门坚决予以打击。通过一些正当手段取缔这些势力，为农村领导科学决策创造一个良好的环境。

第四章　农村领导干部选人用人的艺术

邓小平同志曾指出："中国的事情能不能办好，社会主义和改革开放能不能坚持，经济能不能快一点发展起来，国家能不能长治久安，从一定意义上说，关键在人。"并多次表明："最重要的，我最关心的，是人才。"实践证明，农村干部在基层活动中用什么样的人，以及如何用人，往往关系到农村工作的成败，因此，农村干部学习和掌握一些选人用人之道，对农村工作的开展将是十分有益的。

第一节　农村领导干部选人用人的含义、地位及作用

一、农村领导干部选人用人的含义

领导选人用人是为了实现一定的领导目标，通过知人、任人、管人的规范行为，并正确处理它们之间的关系，充分发挥人的能动作用，以达到预想效果的活动过程。它主要包括三个方面：一是知人；二是任人；三是管人。

农村基层干部处在工作的最前沿、领导的最基层，无论是上级安排的任务还是农民的日常琐事，都必须安排具体的人去落实，因此，

选人用人得力与否，尤其显得关键和重要。

知人，首先就是对人才要有全面的考察。既考察德，又考察才；既考察一时一事的表现，又考察长期一贯的表现；既考察能力，又考察人品。在对人才的考察中要看到优点，也要看到缺点；既要看到长处，也要看到短处；既要看到主流，也要看到支流；既要看到成绩，也要看到不足，并且要划清它们之间的界限，分清主次，有个客观的评价。作为农村干部的知人之明，就在于能够敢于和善于发现人才，在于能够透过现象看出人的真实的、可取的一面，看出人的发展前途。农村干部由于时时处处与农民生活工作在一起，虽有较为了解的一面，也有易被假象迷惑的一面，这就更加要求农村干部要善于透过现象看本质，否则再好的人才，即使在你身边，你也会视而不见。

任人，就是在知人的基础上，农村干部能够做到对人才进行合理的选择、调配和使用。其基本要求就是根据工作任务的不同需要和人才的不同专长，做到扬长避短，人尽其才，充分发挥人才的最大作用；根据工作任务的繁简难易和人才能力的高低大小，巧用人才，委任人才，让他们各得其所，用当其才。农村人虽然文化素质没有城市人高，但却不乏人才，有些还是农村经济和社会发展的难得人才，关键就看你怎样去用，用不好会适得其反，造成较大的副作用，因此，任人对农村干部来讲也是一门学问。

管人，也是领导用人的一个重要方面。管人的含义就是在对人员定位定岗以后，所必须实施的学习教育管理、履行职责管理、爱护关照管理、组织纪律管理、监督管理、奖惩管理以及流动管理等。这是用人必不可少的延伸内容，没有这些内容的配套，用人机制是不健全的，就会导致用人流程的中断，整个用人功能就得不到充分体现。在我国农村，由于受血缘、地缘、姻亲关系以及各种消极因素的影响，管人并非是一件容易的事情，因此农村干部在管人过程中必须讲究一定的方法和艺术，否则不但管不好人，更重要的是农村工作将受到极大的影响。

二、农村干部选人用人的地位及作用

农村干部是能否正确贯彻执行党在农村的路线、方针、政策的决定因素。一个农村干部，在领导活动中选用什么样的人，以及如何选人用人，将直接关系到领导活动的成败。因此，作为农村干部，必须充分认识领导选人用人的作用。

（一）选人用人是农村干部的基本职能

农村干部的领导职能就是农村干部领导工作所具有的社会职责与功能，也是农村干部工作社会性和社会价值的根本体现。其具体内容主要包括：科学决策、管理下属、制定战略、关系协调、组建机构、思想教育、实施监督等。但总体来说，最主要的是决策和用人两个方面。正如毛泽东同志所说，领导工作归结起来，主要是出主意和用干部这两件事。“出主意”也是用干部和为干部出主意，所以最根本的还是用干部，包括对人才与干部的识别与挖掘、考察与选拔、培养与使用、吸引与激励，管理与监督等。这是农村干部最基本的职能，如果不能合理地选用人才，并在农村工作中发挥人才的作用，那么农村干部就没有存在的意义了。

农村干部在农村的各项活动中居于主导地位，起着领导作用。因此，其基本职能不仅是要决策，更是要知人善任，发挥每一个人的聪明才智。一个农村干部仅仅把自己看成是执行某种战术的“普通一兵”，这是严重的角色错位，充其量只是一个目光短浅、视野褊狭的事务主义者。作为农村干部不能事必躬亲地包揽一切，即使你对工作都负有领导责任，但是具体任务你是负不了的。全面负责，不是全面尽责，多数工作还要发动大家去完成。所以，归根结底，用人是农村干部最重要的职责。

（二）选人用人关系到农村各项事业的成败

“得人者昌，失人者亡”。这句古老的格言道出了选才用人在领导活动中的极端重要性。邓小平同志曾指出：“善于发现人才、团结人才、使用人才，是领导者是否成熟的主要标志之一。”农村干部对人才的选拔、使用是否得当直接关系到农村干部工作的效能，关系到农村各项事业的成败。

从世界范围来看，经济的、技术的竞争，归根结底是人才的竞争，无论哪个国家，哪个单位，人才开发得好，使用得当，就兴旺发达；反之，就会衰退。近半个世纪以来，美国的经济之所以能处于世界首位，其中一个重要的原因就是美国注重人才的开发，十分重视在世界范围内发现人才，引进人才，重用人才。

目前，我国广大农村正在进行农业和农村现代化建设，以经济建设为中心，不断增强农村的经济实力，改善广大农民群众的生活水平。要实现这个现代化目标必然要求把人才的开发和合理使用放到重要的战略地位。没有知识、没有人才、没有人才的正确选用，就什么也谈不上，农业和农村现代化也将无从谈起。

（三）选人用人是实现农村领导科学决策的组织保证

在农村干部的领导活动中，决策做出之后，有一系列组织实施工作要做，选人用人是其中的中心环节，是实现农村干部领导决策的根本组织保证。农村干部如果能够合理地选人用人，并通过相应的措施来激发大家的积极性，就能够上下一心，形成合力，实现领导的决策目标，否则，决策目标是不可能实现的。

毛泽东同志曾经指出：“中国共产党是在一个几万万人的大民族中领导伟大革命斗争的党，没有多数德才兼备的领导干部，是不能完成其历史的任务的。”任何事情都是人干的，农村干部要实现决策目标，使一切主意见之于实行，必须团结各方面的人才，推动他们去做，从这个意义上说，政治路线确定之后，人才就是决定的因素。没有大批的人才，我们农村的事业就不能成功。我们党正是由于坚持把制定正确的组织路线放在重要的地位，培养了千千万万德才兼备的优秀干部，充分发挥他们的示范带头作用和联系群众的桥梁和纽带作用，所以才能在领导中国革命与建设的过程中取得了一个又一个胜利。

第二节　农村领导干部选人用人的原则、方法与艺术

人才不仅是最重要的社会资源，而且也是人类财富中最宝贵、最有决定意义的财富。人才是组织的决定因素，是一个组织的本质，

如果没有人才，便没有组织的生命。在农村的各项建设中，人才的作用非常重要。人才用得好的一个标志，就是做到人才各得其所，各尽其能。为了达到这个目的，就必须掌握正确的选人用人原则、方法与艺术。

一、农村领导干部选人用人的原则

（一）德才兼备的原则

德才兼备体现了对人才全面性的要求，是中国共产党选才用人的一贯标准。所谓德，主要指政治方向、政治立场、政治观点、政治品德、思想作风、事业心、责任心等。所谓才，主要是指工作能力和业务水平。德与才是有机的统一体，二者不可分割，不可偏废。

由于我国农村在不同历史时期的任务不同，选拔人才时，对德才内容的要求也不尽相同，当前我们正面临深化农村改革、发展社会主义市场经济和逐步推进农业和农村现代化建设的新任务，选择德才标准也应赋予新的内涵。以德的方面来说，一是政治品德，即高举邓小平理论的伟大旗帜，切实实践“三个代表”重要思想和科学发展观，全面贯彻执行党的基本路线和各项方针政策，同党中央在政治上保持高度一致，维护团结统一，有全局观念；二是思想品德，即坚持实事求是的思想路线，有强烈的改革意识和坚强的党性，敢讲真话，坚持真理，光明磊落；三是职业道德，主要是全心全意为人民服务，富于奉献精神，有强烈的事业心和责任感，勤奋工作，廉洁奉公；四是社会公德，凡是普通群众应遵守的社会道德，作为带头人不仅更要自觉遵守，而且还应作出表率；五是作风，就是要有求真务实、言行一致的思想作风，以及勤俭朴素、洁身自好的生活作风等。在才的方面，就是要有能力，包括有知识、才学，有实践经验，有组织协调能力，这些就是新时期对用人德与才的要求。

农村干部选人用人必须坚持德才兼备的综合标准，同时又必须坚持以德为主。之所以提出德才兼备还要强调以德为主，不仅是由德、才各自特定作用决定的，而且也是被历史经验所证明的。有德的人有了才，就能为社会、为集体、为农村群众干更多的好事；坏人有了才，就会干更多、更大的坏事。大量事实告诉我们，优秀人才的蜕化变质，往往是从思想上开始的。陈希同、王宝森、胡长清、成克杰等人沦为腐败分子，莫不起因于“德”，是他们道德沦丧的结果。因此，德才兼备，以德为主，是农村干部选贤任能的重要原则。

（二）群众公认的原则

我们的各级干部包括农村的所有干部和人才都是人民的忠实公仆和勤务员。所以，选拔人才的标准，也必然是以合乎广大农民群众的最大利益，为广大农民群众所拥护为最高标准。要以农民群众拥护不拥护、赞成不赞成、满意不满意、高兴不高兴、答应不答应为根本尺度。俗话说，工作是面镜，人心是杆秤。我们的农村干部和能人生活在群众之中，其优劣好坏群众看得最清楚，其是非功过群众最有发言权。为此，在选人用人时，必须坚持群众路线，充分听取农民群众意见，体现农民群众意愿，坚决反对人才选拔的神秘化做法和少数人说了算的不良风气。

（三）注重实绩的原则

实绩是实践的结果，是一个人能力、品德、思想行为及所付出心血、汗水的综合体现。马克思主义认为，实践是检验真理的唯一标准。评价一个人是否是人才，就要看他在农村的具体工作中为集体和农民群众做了多少有益的工作，作出了多少实实在在的贡献。人才，只有在实践中做出显著的业绩，才能得到社会和农民群众的承认。实践证明，以政绩评价和选拔人才，能够有效地克服人才评价中的主观主义倾向，更加全面、深入地了解和评价人才，减少人才选拔工作的盲目性和随意性。

（四）任人唯贤的原则

所谓任人唯贤，就是选拔任用人才唯德才是举。所谓任人唯亲，就是讲关系、讲裙带、讲情面，而不讲德才。以任人唯贤为原则，就会使从善者如流而来，大批人才汇集身边，农村各项事业必然兴旺发达；如果以任人唯亲为原则，一些奸佞好事之徒就会靡集左右，人才就会或埋没或流失，必然导致事业颓败衰落。

可是，在农村现实生活中仍然存在着任人唯亲的现象，一些农村干部为了个人和小集团的利益，拉帮结伙，培植亲信，把领导者和被领导者的关系搞成人身依附关系，顺己者用，逆己者去，结果压抑了真正的人才，害了自己，也影响了农村各项工作的正常开展。农村干部必须自觉地从党性原则出发，清除任人唯亲路线的流毒和影响，实行任人唯贤的原则，使我们农村的各项事业兴旺发达后继有人。

（五）量才用人的原则

一个人只有处在最能发挥其才能的岗位上，他才可能干得最好，如鱼游水中，得心应手。因此，选才用人要尽可能地做到和他的才能、长处相适应，同时做到同他的性格、爱好、兴趣相适应。具体说来，就是要做到：

人尽其才。要让人才有多大能力就释放出多大能量来，农村干部的眼睛就不能死死盯在别人的缺点、不足上，应善于发现他们的优点、特长，并把他们放到最适合发挥自己特长的位置、环境中去。

量才使用。即农村干部要根据人的才能、特长来安排适当的工作，使职、能统一起来。小材大用，必力不胜任，虚占其位，贻误工作；大材小用，杀鸡用牛刀，则势必造成人才浪费。

责权相应。即让在农村工作中担负一定任务的人承担起相应的责任。责任是核心，权力是履行责任的手段，责权是相统一的。光有责任而没有权力，就难以负起责任；光有责任而不负责任，就必然导致瞎指挥。

（六）关心爱护的原则

对人才关心爱护，体贴入微，是我党干部政策的一大特点和优良传统，也是农村干部用人的重要原则。作为农村干部应像辛勤的园丁精心培植新品种那样，热情、耐心、有步骤地培养、选拔、使用人才。特别当他们遇到困难和挫折时，要给予满腔热忱的支持和帮助；当人才遇到不公正待遇或一些流言飞语时，要敢于挺身而出，主持公道，为人才伸张正义，辨明是非曲直；对人才思想、作风、工作中出现的问题，要动之以情，晓之以理，引导他们走出误区；对他们生活中的困难，绝不能袖手旁观，不闻不问，要在力所能及的条件下，尽力帮助他们解除后顾之忧；对优秀的人才，要不失时机地授之以权，赋之以责，给予其利；对不称职的部属，要及时调整他们的工作，不要搞到不可收拾的地步才考虑，那将使人才丧失信心，失去威信，造成很长一段时间不能很好地工作。一个充满自信，上级信任，工作有方，无后顾之忧的人，才能全力以赴地把自己的全部智慧和力量投入到工作中去，才会产生巨大的效应，才能以一当十，以十当百，创造出奇迹来。

二、农村领导干部选人用人的方法与艺术

农村干部要选用好人，不仅要掌握选人用人的基本原则，还必须有一套适合基层情况的选人用人方法与艺术，真正把有能力的人选拔到农村工作的第一线，并管理好，真正发挥人才的作用。否则，正确选人用人的目的是达不到的。随着农村的不断发展，基层选人用人的方法与艺术更加多种多样，我们在这里主要介绍选人和管人的方法与艺术。

（一）选人的方法与艺术

（1）选举法。选举法是指由全体村民或所属农村集体组织和单位成员直接选举主要领导人的方式。这种方式可以充分反映农民群众的意愿，体现农民群众当家做主的权利，选举出的人有比较广泛的群众基础。同时也可以解决长期困扰我们的人才能上不能下的问题，有利于克服官僚主义，纠正用人中的不正之风。近年来，随着《村民委员会组织法》的不断实施，我们广大农村地区通过民主选举农村干部，已经逐渐地形成了一种良好的选举氛围，如果我们能够在村级各级组织和单位中也推行选举法，必将能够使更多的能人走上农村的各级领导岗位，将会为农村的稳定、经济和社会的发展创造更好的条件。实行选举制不仅能够有效地保障政治透明度，使农民群众有更多的知情权、参与权和选择权，而且也更有利于调动参选人员的积极性和主动性，进一步强化农村干部全心全意为农民服务的责任感。

（2）任命法。任命法主要是通过村“两委”班子对相关人员的日常观察与考核，由村级组织来决定人选，并加以任命。实行这种方法，要求农村领导思想要端正，必须出于公心，坚持“任人唯贤”的原则。由于任命法是由少数领导决定的，广大农民群众并没有直接参与，所以任用的一些人员容易出现只对上级领导负责，而不对农民群众和事业负责的现象。为此，在实施任命之前必须坚持民主集中制的原则，任命方式要与群众评议、民意测验相结合。

（3）荐举法。荐举法就是通过毛遂自荐，或别人推荐，最后由村级组织加以任用。农村领导要对自荐和由别人举荐的人进行全面的、客观的观察，既要观察他们的政治思想水平，又要观察他们的水平和能力，从中择优选拔出有能力的人参与村级组织和单位的领导和管理。我们应切实鼓励和欢迎有抱负、有才干的人大胆自荐，欢迎人们举荐有才干的人。领导者要把这种出于公心、实事求是的荐举，看做是一种难得的品格，而不要贬为“出风头”、“钻营”、“伸手要名利”。当然，如果真有这样的人，我们也应认真地加以识别。

（4）聘任法。聘任法就是村级组织通过聘请或张榜招贤的形式择优选聘人才的一种方式。既可以聘任村级各组织和单位的主要负责人，也可以聘任下属有关部门的负责人，还可以实行层层聘任。聘任的方法有利于人才的竞争与选拔，有利于发挥人才的特长，同时，在一定程度上，还有利于扩大选才的范围。当前，在我国一些经济比较发达地区的农村，通过聘任的方法选拔人才，为我所用已经成为一种常见的方法。如有些农村通过聘任法引进了一批高学历、懂经营、会管理的专门人才，这些人充实到这些村的一些组织和企业中，为当地经济的发展注入了新的活力，并为这些农村的经济持续发展创造了一个较好的条件。

（二）管人的方法与艺术

（1）建章立制。通过正确的选人方法任用人才之后，为了对人才进行有效的管理，真正发挥人才的作用，并使管理工作逐步实现科学化、规范化和制度化，可以根据我们党和国家的有关干部管理方面的法律、法规、制度，并结合农村的实际情况，制定相应的规章制度。比如可以制定《民主评议制度》、《工作流程制度》、《民主决策制度》、《考核办法》、《工作人员行为规范》等制度，来引导和约束这些人的行为，使得人才能够严格按有关规定办事，并自觉接受领导和广大农民群众的监督，杜绝腐败、杜绝重选轻管的现象，使人才真正能在农村的各项事业中发挥其聪明才智，推动农村各项事业的发展。

（2）政治上关心。一个人只有明确了奋斗目标，才能激发起奋发向上的干劲和热情。对于人才，我们不能只仅仅停留在使用上，我们还必须在政治上进行关心，使他们明白自己的奋斗目标和方向。对优秀的人才，我们可以通过深入细致的思想工作，引导他们积极在政治上要求进步，努力向党组织靠拢，在同等条件下，这些人可优先入党。对于表现优秀的人才，我们也可以根据情况，将他们提拔到村级组织的领导岗位上，或通过一定的程序优先向上级部门推荐使用，以使他们能够更进一步，到更能发挥其才能的地方工作。对于优秀的人才，我们还可以为这些人提供到党校或高等院校学习深造的机会，帮助他们不断地提高自己。总之，要通过这一系列政治上的关心和爱护，使人才看到希望，明确奋斗目标，并激发其干事、创业的热情。

（3）精神与物质相结合的鼓励。一个人如果在农村的发展中作出了一定贡献，我们就要对其做出一个客观公正的评价，对其作出的贡献给予肯定，必要时，可以树立为典型，号召广大群众向其学习。这样做的目的：一是可以激发先进更好地干好自己的工作；二是可以使广大干部和农民群众有一个明确的赶超对象，促进农村工作进一步的发展。但精神的鼓励并不是万能的，我们应该看到，先进典型也是人，他在满足自己的精神追求的同时，也有自己的物质需求，这就要求我们在搞好精神鼓励的同时，适当地考虑一些物质上的奖励，并能将二者有机地结合起来，既不能重精神鼓励轻物质奖励，也不能重物质奖励而轻精神鼓励。比如，有些地方对在农村经济发展中作出突出贡献的人，除了树立为典型模范外，还根据其贡献的大小，进行金钱和物质的奖励，这样就可以更进一步地激发其工作的积极性和主动性。

为了避免物质奖励过程中的一些纠纷与矛盾，用人时可以通过签订任期目标责任的方式将其确定下来，将目标责任完成情况与其奖励联系起来。这样做一是可以有一个奖励的依据，二是可以避免一些群众的不满情绪上升。

（4）定期考核。为了使人才在其任期内始终如一地做好自己的工作，就必须时时注意其工作的进展情况，将考核贯穿其工作的全过程，对其履行职责的情况进行监督。为此，应建立一种定期考核制度，以月、季、半年或一年为考核期限，定期进行检查，在考核中要重点考核其工作的进展情况、工作中的成绩，同时也要发现其工作中的不足，通过考核使被考核人明确下一步努力的方向。为了使考核公正、客观、准确，不走过场，农村干部应切实加强对这项工作的领导，既要有科学的考核方案，又要组成一个好的考核班子；既要倾听本人的汇报，又要倾听干部和群众对被考核人的看法和意见，要给被考核人一个公正的评价。

（5）诫勉谈话。农村干部与所选用的人才一般都工作、生活在一起，因而对其工作、生活的情况十分了解，其工作的成绩能够看得到，工作中的问题、不足也能够发现。当发现所任用的人员工作中出现失误和问题时，作为农村干部应本着惩前毖后、治病救人的态度，适时地进行诫勉谈话，既肯定其成绩，又要指出其工作中的问题，并尽其所能帮助其改正错误，不断进步。在进行诫勉谈话时，农村干部一是要从农村工作出发，树立对工作负责的责任感；二是要明确告知对方存在的问题和不足，不能遮遮掩掩，含糊其辞；三是要尽可能地与对方一起商讨解决的方法，帮助其改正错误，修正不足。

（6）情感培育。古人讲“士为知己者死”。农村干部与所选用人员之间感情交流程度如何，也直接影响着所选用人员工作的好坏。作为一名农村干部要时时注意与所选用人员进行情感交流，加强沟通，增进理解，既要对其政治上进行关心，思想上帮助，也要注意工作上、生活上给予帮助，解除其后顾之忧，帮助其解决一些实际困难和问题。使其觉得农村干部可信、可靠、可爱，从而更进一步激发其工作的热情。

第三节 目前农村领导干部选人用人中存在的主要问题及对策

党的各项路线、方针和政策在广大农村地区能否真正贯彻执行，农村的经济和各项建设能否得到健康的发展，关键在于农村干部的能力与水平，因而，党和国家历来都非常重视农村干部的选拔和任用。新中国成立几十年来，特别是改革开放以来，我国一直在积极探索与实践选拔农村干部的方法，而且也逐渐形成了一套比较切实可行的办法，广大的农村干部也为农村的各项工作作出了很大贡献。但是，我们也应看到我们在选人用人上仍然还存在一些问题与不足，也就要求我们在实践中去不断地克服和完善。

一、目前农村领导干部选人用人中存在的主要问题

（一）任人唯亲的现象比较严重

有些农村干部，特别是一些比较偏远、落后地方的农村干部，由于受封建思想的影响，思想保守陈旧，往往把一个村看做是自己的一片领地，选人用人时生怕别人影响了自己的既得利益，眼睛只放在自己的亲朋好友身上。凡是跟自己关系比较亲近的人就用，凡是与自己关系不够密切的人，无论能力如何一概不用。如有些地方的某些村庄，村干部几乎清一色的都是同学、同族或同姓之人，有的还出现了父亲是支书、儿子是村长或会计的情况。这样做法非常不利于农村各项事业的发展，不利于优秀人才的脱颖而出，长此以往必将影响农业、农村的现代化建设。

（二）重德轻才和重才轻德现象时有发生

选拔人才必须德才兼备，而实际工作中有时却出现重德轻才或重才轻德的现象。重德轻才就是在人才的任用上，看重了思想而忽视了才能，这样的干部一般不易犯严重的错误，但由于其在能力上的不足，往往显得平庸，难以在农村的各项工作中发挥其应有的作用，到头来必将影响农村

的各项工作。重才轻德，则是着力讲能力，而忽视了政治思想觉悟，把这样的人选拔到领导岗位上也是后患无穷，由于其政治思想觉悟不高，造成在工作中缺少为农民服务的自觉性，自私自利思想严重，甚至假公济私、贪污受贿，到头来直接危害农村经济和社会的全面发展，使得有些村为此背上沉重的包袱，甚至一蹶不振，进而也会影响党支部和村委会在广大群众中的威信，影响党群、干群关系。

（三）选人用人中不重视农民群众的意见

党和国家的各项路线、方针、政策和上级的指示，靠的是农村干部去带领农民群众去贯彻落实，因而选出的干部和人才必须是农村群众真正信服的人，这样农民群众也乐意接受他的领导与管理，农村干部在选人用人上就必须倾听广大农民群众的意见。当前，在有些村的选人用人问题上，往往是根据个别领导的看法就直接用人，没有充分征求群众意见，忽略了民主评议和民意测验，结果造成广大农民群众的抵触情绪上升，正常的工作难以开展，甚至出现上访现象的发生。

（四）选用人才视野不够开阔

当今世界迈进了知识经济时代，人才的竞争已趋激烈，谁拥有人才谁就会占得先机。我国农村经过 30 多年的改革与发展，也已取得了丰硕的成果，农村的各项事业要想再有作为，离开人才是不可想象的，因而我们在选才用人上视野必须开阔，不能只把眼睛放在本村的几百人或几千人上，而应放眼全社会，依己之需，招募人才，重用能人，为己所用，从而进一步促进农村各项事业发展。当前，在个别地方，一些农村领导也知道仅靠本村的人才已难以使本村的各项事业再有大的发展，却不能勇敢地走出去引进人才，瞻前顾后，顾虑重重，徒叹无人可用。

（五）难以做到量才而用

选人固然重要，用好人更为重要。我们用人时要做到量才而用。人尽其才，要真正把有能力的人放在更能发挥其能力的地方，这样才能发挥人才的作用。当前，在有些地方，尽管他们选拔的都是一些有能力的人，但没有放在能发挥其特长的地方，结果却适得其反，不仅没有发挥应有的作用，却出现了些负面的东西。如一个非常懂经营善管理的人，就要把他放在经济工作岗位上，而不应放在其他岗位上；一个善于做思想政治工作的人，就应该把他放在思想教育工作岗位上，不应放在经济工作岗位上。

（六）选举中候选人与群众的沟通不够

选举中候选人本应与群众有充分的沟通，使群众对候选人有一个充分认识，在此基础上行使自己的民主权利，从而选出农民群众信得过的人。但当前候选人与农民群众的沟通不够，如有的地方既不对候选人进行介绍，也没有让候选人作自我介绍、施政演说，群众难以对候选人有一个全面的认识，因而一些责任心不强的人就凭感觉进行投票，并没有选出群众信得过的、真正能带领农民群众致富的能人。

（七）重选用轻监督

任用人才固然重要，对人才的监督与管理也不可轻视。当前一些农村任用人才之后，却忽视了监督与管理，忽视了政治思想教育和对人才的正常考评，使得这些人失去了监督与制约，为所欲为，久而久之，这些人思想觉悟下降，为农民群众服务的宗旨错位，甚至腐化变质，给农村造成了极大的损失，影响了农村的全面发展。如有些村对任用的人长期不进行思想教育，长期不对其工作进行考评，几乎是放任自流，想怎么干就怎么干。

（八）养而不用、用而不养

养而不用，就是将人才供养起来却不予重用。当前，在个别农村有这样一种情况，通过正常的途径和办法选拔出来的人才，某些农村干部或者认为他可能对其地位和利益构成威胁，或者认为与自己不够亲近，因而对其敬而远之，让其承担一些较为轻松的不重要的工作，却从不委以重任，使人才难以发挥其应有的作用。

用而不养，就是只重使用人才却忽视关心爱护。有些村干部对人才可谓唯才是举，量才而用，用人不疑，但他们却忽视了对人才的关心和爱护，对人才在政治上、物质上和精神上的需求视而不见，久而久之，必然引起人才的反感，大大挫伤他们的工作积极性。

二、克服农村领导干部选人用人中存在问题的对策

针对以上提到的农村干部选人用人中存在的问题，我们应做好以下几个方面的工作：

（一）农村干部要加强学习，增强对选人用人工作重要性的认识

农村干部要进一步加强对马列主义、毛泽东思想和邓小平理论的学习，领会其中关于用人工作的重要性，用“三个代表”重要思想和科学发展观来统领我们的用人工作，要充分认识领导用人事关我们农业、农村现代化建设的成败，事关我们中华民族的复兴，真正把选好人、用好人当作我们农村干部的一项重要工作。在选人用人工作中要坚决克服陈规陋习，解放思想，用科学发展观武装我们的头脑，坚决克服任人唯亲、重德轻才、重才轻德、不走群众路线、视野不宽、重选拔轻监督等问题。

（二）选人用人上要坚持走群众路线

在人才的选用上要坚持“从群众中来、到群众中去”的方法。在聘任、荐举选用、任命人才时必须征求群众对所任人员的评价，充分考虑农民群众的意见与看法，把农民群众拥护不拥护作为我们任用干部的一个标准，真正选出农民群众信得过的人，要给群众讲话的机会。为了使群众路线得到更好的落实，我们可以通过设立意见箱，召开村民代表会议，以及公示等办法来保证农民群众有发表意见的机会。选举时要扩大候选人与农民群众沟通的渠道，做到“三个结合”：把组织推荐介绍与候选人自我介绍相结合；把工作简历介绍与能力水平介绍相结合；把任职施政演说与接受党员和农民群众质询相结合。逐步扩大选举的公开性和透明度。同时，要以得票多少决定任用，从而保证选举结果充分体现农民群众的意志。人员任用之后，也应将这些人员置于农民群众的监督之下，时时倾听农民群众对这些人员的批评和建议，不断提醒这些人员，指出其工作中存在的不足和缺点，以保证

他们能更好地行使自己的权利。

（三）解放思想，不断开拓选人用人视野

时代在发展，社会在进步，我们的选人用人观也应跟上时代前进的步伐。要打破陈规陋习，克服只在一定范围内选人用人的狭隘观念，要把眼光放得远一些、宽一些，力争在全社会的范围内选才用人。当前，各地应根据实际情况，可以通过宣传媒体等途径公开招聘人才，也可以参加一些人才招聘会招聘人才。为了吸引人才，我们可以制定一些优厚的条件，诸如工资、福利、待遇等可以高一些，使他们觉得在农村比在政府机关、国有企业、大城市都要好，使他们乐于在农村干事创业，乐于投身于农业和农村的现代化建设，近两年各地考录的大学生村干部就是很好的办法。

（四）要为人才施展才华创造一个良好的环境

要让人才真正发挥其应有的作用，我们还必须为他们创造一个干事创业的良好环境。正所谓“用人不疑”，我们既然任用人才，就要充分地相信并极力支持他们的工作，给他们以充分的自主权，使他们能够按照自己的想法去工作，对他们职权范围内的工作不应过多地干涉，而是应尽我们的能力去帮助他们、支持他们，以使他们能更好地开展工作，施展他们的聪明才智。当然不干涉也并不是无原则地迁就，那只是对一些合理的做法而言，不然就是放任不管了。对他们工作中的一些不当的地方，或者他们自己看不到的东西，我们也应及时规劝制止，防止一些不正常的事情出现。

（五）合理选用人才，量才而用

选用人才正是为更好地开展工作，搞好农村的各项事业，因而我们切不可盲目用人，一定要根据我们的工作需要去选用人才，根据每一个人的特长去安排他们的工作，把他们放在他们最擅长的地方去工作。在安排工作时既要看工作需要也要看个人意见与能力，切不可放弃他们的长处而安排他们到不擅长的岗位去工作，那就难以量才而用，人尽其才，也将无助于我们的工作。

第五章　农村领导干部考核下属的艺术

农村领导干部下属的工作情况如何将直接影响农村领导工作的成败。为了更好地选好人、用好人、管好人，有效地约束和引导下属的工作，农村干部必须重视对下属的考核，通过考核了解下属的情况，发现问题，解决问题，通过考核，调动下属的工作积极性，树立新风，振奋精神，把农村的各项工作推向前进。

第一节　考核下属概述

一、什么是考核

所谓考核，就是考查审核之意。农村干部考核下属，是农村干部对下属工作人员的能力、品行、学识、性格、健康等状况进行考查审核，以做到正确认识其工作贡献、业务水平和工作态度，并给予实事求是的评定，为下属人员的选拔、使用、升降、奖惩提供依据，以及对其发展趋势做出预测。

二、考核内容

根据新时期对我国干部的整体要求，对农村干部下属的考核主要侧重于德、能、勤、绩四个方面。

（一）考德

所谓德，主要指一个人的政治素质、思想品德、工作作风、职业道德等。德表现了人的社会性，是对人的社会要求。具体地说，德主要包括以下几个方面的内容：

（1）在政治上，忠于党、忠于祖国、忠于人民，拥护党的路线、方针和政策，坚持四项基本原则，在思想政治上自觉地与党中央保持高度一致。

（2）认真学习马列主义、毛泽东思想，学会运用马列主义的立场、观点、方法分析问题，指导工作实践。

（3）能够全心全意为人民服务，把党和人民的利益放在个人利益之上。大公无私，先公后私，廉洁奉公，不谋私利，勇于反对不正之风。

（4）发扬社会主义民主，遵守社会主义法制，自觉遵守村规民约。

（5）自觉遵守社会主义和共产主义道德。

（6）实事求是，工作踏实，圆满完成自己的工作任务。

（二）考能

主要考核下属是否具备本职工作所要求的知识技能和处理农村实际工作的能力。即考核下属胜任本职工作、完成一定任务所必须具备的本领。

人的能力分为狭义和广义两个方面。所谓狭义能力，是指一个人的基本能力和应用能力。基本能力是指一个人具有的知识、技能和体力。应用能力包括：理解力、判断力、决断力、创造力、计划力、开发力、表现力、涉外力、指导力、管理力、统率力等。所谓广义能力，除了上述狭义能力外，还包括工作成绩和纪律性、协调性、积极性、责任感等，这些统称为发挥能力。

（三）考勤

勤，主要指工作态度、工作作风、勤奋精神和事业心。其主要内容包括：积极性、主动性、纪律性、协作性、工作态度等。一个优秀的下属，应该怀有高度的事业心，积极主动地干好本职工作，在业务上肯于钻研、精益求精、勇于创新，充分发挥自己全部的光和热，并能顾全大局，自觉地为他人提供帮助，关心爱护同志。作风扎实，实事求是，注重实效。

（四）考绩

主要指考核下属的工作质量和数量，也就是考核下属所从事的工作的实际。其内容主要包括三个方面，即规定的工作任务，包括质量和数量；从事创造性劳动的成绩；还有工作效率，包括工作时间及工作实效等。一般来说，工作实绩是工作人员德、能、勤诸方面的综合体现和反映，这几个方面是紧密相关、相互制约的。在对下属考核的实践中，应当坚持统一进行，但也不能等量齐观。要坚持以工作成绩为主要根据考核下属，因为下属各种素质的优劣，一般都比较集中地反映在工作成绩的质量和数量上。同时以工作成绩为主要根据考核下属，客观标准比较明确、统一，可以防止从印象出发主观臆断；还可以引导广大下属树立良好的工作作风，克服假、大、空。

三、农村干部考核下属的重要性

考核公正是农村干部管人、用人，有效地开展工作，实现领导目标的一项重要工作，如能较好地对下属进行考核，就能对下属进行公正、合理的评价，调动下属的工作积极性，并推动农村各项工作的开展。

（一）有利于调动下属的积极性，激励先进、鞭策后进

通过正常的考核，能够对下属的工作做一个全面、公正、合理的评价，对其功过是非有一个较准确的定位，这样，下属也就对自己有一个正确的认识。对于成绩较大的下属来讲，对其成绩的肯定，可以激发他们的工作热忱，更加努力地开展自己的工作，在今后的工作中他还可以借鉴别人成功的经验与做法，把自己的工作做得更好。对于成绩较小的下属来讲，通过考核可以明白自己工作中的不足。通过对

比，他们也可以悟出很多道理，弄清楚别人为什么能干得这么好，而自己为什么没有干好，有利于找出差距，明确目标，迎头赶上。

（二）有利于识别、选拔和使用人才

正确的路线确定之后，人才是决定的因素。人才的素质如何，能力的大小，主要不是听他们是如何说的，而主要的是应该看他们的工作成绩。一个下属如果能在自己的工作中取得较好的成绩，为国家、集体和广大农民群众作了较大的贡献，就是一个好人才，就是一个能力较强的人才，我们就可以重用他，并根据工作需要选拔到一定的领导岗位上去。反之，如果这个下属只是一个会做表面文章，夸夸其谈，不务实际，工作中没有做出多少成绩，那他就是一个不称职的下属，是个工作能力差的或较差的下属，我们就不能重用。如果问题较多，我们就应该弃用。

（三）有利于对下属实施监督

绝对的权力必然诱发腐败。下属人员的行为如果离开了必要的监督，将会出现许许多多不正常的现象。考核实质上是对有一定权力的下属监督。通过科学的考核，不仅能了解下属素质的高低，工作能力的强弱，而且，通过科学的考核办法，还可以使得农村干部了解农民群众对其下属的看法，便于农村干部发扬民主，充分征求农民群众的意见，得到农民群众的帮助，对下属实施有效的监督，从而克服官僚主义、命令主义和形式主义等不良作风，不断提高农村干部领导工作的水平。

第二节　农村干部考核下属的原则、步骤、方法与艺术

一、农村干部考核下属的原则

对下属的考核，关系到对下属工作的全面评价，关系到对下属是非功过的认定，因此必须严肃、谨慎。在考核中要严格按党的方针政

策办事，力求避免发生偏差和失误，甚至不公正行为，如感情用事，形而上学地看人看事，甚至打击、报复等。为此，农村干部在考核下属过程中，应遵循以下原则：

（一）公正无私的原则

要保证对下属的评价准确、客观，除了要求考核者具备一定政策思想水平和工作经验外，还必须强调公正求实的作风。要从党和农民群众的利益出发，以事实为依据，以对下属的要求标准为准绳，公正地、实事求是地对待每一个下属。一是不带框子，不能把考核工作作为证实领导印象而收集材料的过程，也不能抱着个人成见、个人好恶以致派性去评价下属。二是不受干扰，不论是亲戚朋友说情，熟人同事吹风，甚至领导同志出面讲话，都要坚持原则，实事求是，一切从客观存在的事实出发，敢于秉公而论，仗义执言。三是不谋私利，不借考核之机让人知情感恩，把考核当成拉关系、送人情的手段。

（二）注重实绩、赏罚分明的原则

工作实绩，是一个工作人员的能力、态度和素质的综合反映，是衡量下属的基本依据。农村干部要根据对下属的要求，对被考核者的工作实绩和素质行为分别做出评价。对通过考核达到标准、成绩显著的下属给予充分的肯定；对大公无私、精通业务、有组织才能、工作成绩突出的优秀年轻人才，应予以奖励或向上级领导推荐使用；对未能充分达到考核标准的下属，应责其限期整改，直至达到考核标准；对那些经过整改仍未能达到考核标准的下属，按照有关程序，该降职的降职，该撤职的撤职。只有这样，才能发挥考核的作用，调动下属的积极性，提高工作效率。

（三）多层次、多角度立体考核的原则

所谓立体考核，就是多视角、多层次、多途径地进行综合考核。具体地说，包括领导评定、同级评定、群众评定和自我评定等。

领导者“居高临下”，对下属的思想状况、能力水平、工作质量等有比较清楚的了解，能够提出较全面的看法。考核对象的同级和人

民群众，往往是与考核对象朝夕相处，比较了解考核对象的长处、短处。自我评定是由被考核对象本人所做的自我评价，可供考核参考。立体考核能够广泛地听取上下左右各方面的意见，全面了解考核对象的情况，避免片面性。

（四）全面地历史地看待下属的原则

识别和评价下属，应该全面考察其历史和现实的表现。既看过去的表现，也看现实的表现；既看下属的优点，也看缺点；既看主流，也看支流。这样，才能对下属形成基本的、深刻的看法，才不至于听到点什么东西，对下属的评价就拿不准了，左右摇摆。

全面地历史地看待下属，要反对和防止两种倾向：一种是因为下属过去有功，就对其现在的错误和问题不管不问；另一种是因为下属过去犯过错误，历史上有过某种污点，就一棍子打死，一概否定。这两种倾向都是片面的、孤立静止地看下属的结果，因此我们不能这样做，而应全面地历史地看待和评价下属。

二、农村干部考核下属的步骤

根据考核工作的进程，我们把考核分为三个阶段。

（一）考核准备阶段

考核准备阶段的主要工作是提出考核目的，制订考核方案，并做全面的部署。

（1）起草制订考核方案。方案中应写明考核的内容、标准、方法、步骤和要求等。方案要对整个考核工作做出具体的安排，保证考核工作有组织、有计划、有条不紊地进行。

（2）通知被考核人写出述职报告，做好自我评价。

（3）做好相关的准备工作。如印制民意调查表、德能勤绩测评表、主要工作任务完成统计表等。

（二）考核实施阶段

考核实施阶段是考核工作的核心，关系到考核成败。通常应按以下四个环节进行：

（1）查阅相关材料、数据。即借助于已有的一些材料和客观反映干部工作成绩的统计数据，对干部有一个全面的了解，从中发现干部的主要政绩和不足。

（2）民意调查。在一定范围内，让广大农民群众对被考核对象进行测评。

（3）自我述职。被考核者向考核者汇报工作情况或进行自我评价。

（4）民主评议。主要是被考核者的领导、同事和农民群众对被考核者依据德能勤绩的要求进行工作全面的评价。

（三）考核定性阶段

即对考核实施阶段所收集到的所有材料进行综合分析，去粗取精，去伪存真，从而得出反映考核对象本质的结论。在此阶段，定性时一定要以多数人的意见为基础，对被考核对象做出公正的评价，同时也应将评价及时反馈给被考核人，允许他们做出说明和申诉，进而在此基础上，最终作出考核结论，形成考核材料。

三、农村干部考核下属的方法与艺术

在考核过程中，经常使用的方法与艺术主要有：

（一）自我评估法

自我评估法是指被考核人对自己的工作实绩、目标责任完成情况以及工作失误与原因等情况，加以评价的过程。

自我评估主要有以下内容：①个人职责。②履行职责情况。③突出的实绩与目标实现程度。④工作失误及原因。⑤今后打算和要求。

（二）民主评议法

民主评议是采用村干部与群众相结合、定性与定量相结合的方法，对被考核者的思想、工作、作风、成绩等方面进行评价。它具有群众性、公开性、科学性的特点。

民主评议的内容包括德、能、勤、绩四个方面及其年度或任期的工作政绩，具体包括：政治思想、事业心、原则性、工作作风、专业知识、创新能力、决策能力、组织能力、协调能力、工作质量、工作效率、工作效果等。

民主评议可以采取集体评议的方法，也可以采取个别谈话等方式进行。集体评议，可将评议者分为若干小组进行评议。评议可“背靠背”地进行，也可以请被评议者参加，“面对面”听取意见。个别谈话，是评议人可找有关人员个别交谈，收集对被评议者的意见。

（三）民意调查法

民意调查法是民主推荐和民意测验的统称。它既可以用于在一定范围内采取让群众提名和无记名投票推荐人选，又可以用于通过投票方式，集中群众对任用人员的意见。具有简便易行、覆盖面大、反馈及时、有一定可信度等优点。

把民意调查法用于人才选拔过程，增加了考核、选拔、任用工作的透明度、参与度、开放度，使我党走群众路线的优良传统增添了新内容，为农村干部知人、识人、用人拓宽了渠道。

（四）座谈访问法

座谈访问法，是采取开座谈会、个别访谈等形式，通过被考核者周围人获取信息，侧面了解被考核者的一种方法。具有适用范围广泛、考核内容深刻、信息具体的特点。座谈访问法可采取如下方式进行：

（1）漫谈式。漫谈式是不出题目、不限内容、不分主次的即兴谈话，往往从眼前的事物谈起。这种谈话方式自由、灵活，可以启发被谈话人的思维。同被考核者谈话，对考核其思想、意志、知识、兴趣、分析问题能力、交际能力、口头表达能力都有一定的作用。运用这种谈话方式，主谈者要善于控制，使所谈内容不脱离考核目标轨道，时间也不宜过长。

（2）提问式。即简单明确地提出几个问题，让对方回答。这种方式目的明确，针对性强，能抓住关键，集中双方注意力，简洁方便，是访谈中经常应用的基本方法。

（3）征询式。即就某些问题征求对方意见，询问解决办法。这种谈话方式能表现出对对方的尊重和信任，民主性强，是很有策略的一种谈话方式。

（4）启发式。这是一种特殊的谈话方式。主谈者在谈话对象有意回避问题或不认识问题等情况下，进行适当的启发或施加一定的压力，使其能自觉地或不得不实事求是地陈述问题。这种方法在于掌握好“度”，既不能超过谈话对象的承受力，影响其心理情绪，又要使谈话的对象感到责任压力，能够直接回答的问题。

（5）商讨式。即就某些问题双方讨论、辩论的方法。这种谈话内容集中，论题明确，形式自由，可以创造热烈的谈话气氛。

（6）鼓励式。当谈话的对象未经深思熟虑，不愿和盘托出，欲言又止时，主谈者应抓住时机，鼓励其说出来。

座谈访问法，还包括许多谈话方式，如教育式、核实式、分析式、追究式等。主谈者应根据具体情况，采取不同方式，不可生搬硬套。

第三节　农村干部考核下属工作中存在的主要问题与对策

随着我国农村社会的全面进步，农村干部的整体素质和领导水平也有了明显的提高，农村干部也越来越重视对下属的考核，避免了一些选人、用人上的错误的发生。但在有些地方，领导者在考核下属工作中仍然存在着一些问题，这些问题必须引起我们的重视，并有待于我们在工作中去加以克服。

一、存在的主要问题

（一）考核没有形成制度化、规范化

对下属的考核是领导工作的一项重要内容，只有制度化、规范化地考核才能合理地选人、用人，才能避免用人的一些错误，防止官僚主义、命令主义，调动广大干部群众的积极性，推动农村各项工作的全面进行。然而，在有些地方，考核工作时断时续，时有时无，而且考核的方法、内容等也不够规范化。如有的村级干部长期不对下属进

行考核，有的则有时进行考核，有时则不进行考核；在考核的程序和方法上没有统一的要求，随个人喜好有很强的随意性，往往是抓这方面而忽视了另一方面，不能对下属做全面、客观的评价。

（二）考核中重自评、轻民主评议

在考核工作中，我们不仅要重视被考核人的自我评估、自我评价，更要重视民主评议，只有这样，我们才能对被考核人有一个正确的评价。但有些农村干部，在考核工作中都过分地重视被考核人的自我评估、自我评价，根据被考核人在求职和自我评估时的表现能力、口才以及随意夸大的政绩，就仓促认定水平、能力和成绩。忽视了领导与群众相结合，定性与定量相结合，没有查看其工作业绩，没有听各方面的评议。这样得出的结论，往往会出现误差，甚至会影响对干部的选拔和任用，严重挫伤干部和农民群众的工作积极性。

（三）重个人感觉，轻民众意见

对一个人的看法，领导者因个人的性格、学识、素质等的不同，会有所不同，甚至有时表现出明显的好恶。农村干部是整个农村活动的组织者，应该从整体的利益出发去选人、用人，在考核下属时一定要出于公心，不能只凭个人感觉办事，评定一个干部的好坏。但有些农村干部却不顾农民群众的意见，认为与自己性格相投的，听自己话的，与自己关系亲近的人就是好干部，反之则不然。严重地破坏了考核工作的公正性和注重实践等原则。

（四）重才轻德

德才兼备的干部才能真正为农民群众办实事、办好事。但在个别地方，近年来在对下属的考核、任用中，为了能找到能人，就不惜牺牲德和其他方面的要求，结果这些人在他们的工作中根本就没有为农民群众服务的意识，把他们手中的权力当成为自己谋私利的工具，为所欲为，坑害国家、集体和农民群众，给农村带来了很大的损失。

（五）考核的层次和角度较为单一

立体地多方位考核下属，可以给下属一个公正的评价。而有些地方的领导只重领导对下属的考核，而忽视同级和人民群众的评价；有的则重同级考评，却又忽视了群众的意见，没有很好地听取上下左右各方面的意见，全面了解考核对象的情况，考核也难免有片面性。

（六）考核有失公正

有些农村干部受不正之风的影响，没有做到公而无私，不是以事实为依据，以用人标准为准绳公正地、实事求是地评论每一个人，而且通过考核打击异己，以派性去评价干部，对不是自己的人评价，就低一点，对自己的人或别人打过招呼的人评价就高一点，甚至把考核当成拉关系、送人情的手段。

二、正确考核下属的对策思考

（一）加强宣传教育，提高农村干部对考核下属工作重要性的认识

各级党委和政府要把宣传教育当成一项重要的工作来抓，可以通过广播、电视、报纸等新闻媒体，通过下发文件以及县、乡党校的培训等，切实宣传选拔、任用干部工作和考核工作的重要性，切实提高农村干部对考核下属工作重要性的认识。同时，为了使广大农村干部能真实地体会到这一工作的重要性，还可以带他们到一些考核工作做得好的地方去参观考察，用真切的事例让他们感受到，搞好考核工作就能选拔和任用一些有能力的人才，就能促进农村各方面事业的发展；也可以带他们到一些考核工作没有搞好的村去考察，用正反两方面的实例去教育和引导我们的农村干部，进一步提高他们的认识。

（二）农村干部要加强自身的修养

要提高对考核下属工作重要性的认识，仅靠上级部门的宣传教育是不够的，农村干部自身修养的提高是至关重要的。要提高自身修养，

就要求我们的农村干部必须系统深入地学习马列主义、毛泽东思想、邓小平理论、“三个代表”重要思想和科学发展观，用正确的理论武装自己，提高自己分析问题、解决问题的能力。农村领导干部特别要学习党和国家关于干部任用标准的有关规定，并逐渐地内化为个人的一种自觉行为。当前，农村干部还要学习国际政治与经济、现代管理、现代科技、现代领导科学等方面的知识，通过学习，不断提高自身的修养，进而增强选拔、任用干部中坚决执行政策的自觉性。

（三）进一步建立健全考核办法，使之逐步制度化

要保证考核工作的正常进行，必须有一套比较完善的办法，并使之逐步制度化，各级领导部门要从农村考核的工作实际出发，探索、研究并制定出一套较为切实可行的行之有效的考核办法来，并用一种比较正式的方式使之固定并真正在农村地区推行，使之成为一种制度。只有这样农村干部对下属考核工作才能成为一种经常化、制度化的工作。

（四）考核中必须坚持德才兼备的原则

对干部的考核中必须坚决贯彻中央关于干部德才兼备的原则，坚持从德、能、勤、绩多方面的考核，避免厚此薄彼现象的发生。考核干部既要看到他的成绩，也要看他在政治思想觉悟、工作能力、水平和工作勤勉程度等方面的表现，不能一俊遮百丑，既要看到好的方面，也要看到不足的地方，总之，要进行综合的全面的评价，给每一位同志一个公正的、客观的认定。

（五）搞好农村民主政治建设，提高农民参政、议政的意识

对下属的考核，农民群众最有发言权，因为他们最了解这些人，农民群众的意见也是客观的、准确的。但当前，部分农民的参政意识还不够强，一些农村干部不重视农民群众的意见。针对这种情况，我们要加强农村的民主政治建设，一方面通过宣传，提高认识，使得农民群众能认识到作为农村的一份子，每一个人都有发表意见的权利；另一方面，通过现已开展的民主选举、村民大会、村民议事、民主理

财等形式，来逐步提高大家的民主参与意识。迫使农村干部在考核下属的工作中重视农民群众的意见，并真正采纳农民群众的看法和观点，进而使农村干部对下属的考核更加客观、公正，避免个别人说了算和少数人说了算的现象。

第四节 考核下属的领导艺术案例评析

一、案例：某老板考核下属的方法

这件事发生在刘明刚刚走出校门不久，那是他费了好大的劲儿才找到的工作。老板出差，临走除了交代日常必要的工作以外，特别叮嘱刘明照顾好他的两条白鱼。

老板是香港人，来内地投资办公司的时候便携两条白鱼来。开业的时候，这座有 29 寸电视大小的鱼缸放在大厅里最显眼的地方，里面水草丰茂，奇石嶙峋，一对白鱼浑身似雪白，两只眼睛漆黑晶莹，游动的姿态极其傲慢但又极其优雅。老板对人们说：这对白鱼是公司的吉祥物，曾给他频频带来好运。

刘明精心护理着白鱼，心想，自己初出道，一定要做好老板交代的任务。可是一次换水时，他想把假山搬出来洗一洗。谁知假山被水浸过以后长了一层滑滑的东西。就在快搬出鱼缸的一瞬间，假山从他手中滑脱，随着“哗啦”一声巨响，玻璃碎片同水和鱼一起应声落地，两条柔软而富有弹性的白鱼在地上拼命跳跃……同事小晴从电脑室里跑出来，帮他取来塑料桶。待打上水救起白鱼，他发现地上有雪白的鳞片。小晴说，白鱼恐怕活不成了。刘明的眼泪立刻不争气地涌了出来。那一夜，他彻夜难眠，眼前一会儿是老板盛怒的脸，一会儿是同事们嘲笑的面孔，好像他们在说：这个人一点能力也没有!第二天中午，刘明饭没吃，觉没睡，花了半个月的工资买了鱼缸，把鱼放了进去，希望它能活下去。然而，白鱼太娇嫩了，第三天一早，便把平时很贵族气的肚皮翻了上来，怎么办？跑吧!刘明对自己说：三十六计，走为上计。但是，从小的家庭教育和学校教育，让刘明打消了这个念头。双休日，他跑遍了全市的宠物市场，虽不知道鱼叫什么名字，但他牢记着鱼的模样。他的目光像探照灯一样在市场上巡视，久久没有发现目标。就是在刘明几乎绝望的时候，却终于发现了这种鱼。一问：1 100元一条!他吓呆了。可是，他拼命地镇静自己，叮嘱好老板后，他回去凑钱。刘明把所有的积蓄拿出来，还差 400 多元，离下月发薪水还有十几天，他只好找小晴借了 500 元并求她保密。

就在刘明把白鱼放进鱼缸的当天下午，老板回来了。带着旅途风尘的老板，进了公司的第一件事就是在鱼缸前驻足。刘明的心突突跳着。老板端详了两分钟后，回办公室去了。他长长地吐了一口气，好玄!

不觉一个月过去了，发奖金那天，刘明听到小晴在老板办公室里哭，好像在申诉什么，有几句话清晰地传到他的耳朵里："为什么扣我的奖金？有人把鱼缸打碎，白鱼死掉，他都没事，我不就打错几句话吗……"

一会儿，老板让刘明到他的办公室去。他感到身体发僵，惴惴地走进去。

"你把鱼缸打了，白鱼死了？""是。""你自己买的鱼缸和白鱼？""是。""为什么你不一走了之？"刘明抬头看了看他的神情，他十分平静。刘明不知道老板真正想的是什么，也来不及多想，只是说："做人要讲信誉，损坏东西要赔偿，这是父母和老师从小教给我的准则。""好!"老板突然大声说了这个字，几乎吓了刘明一跳。他黝黑的脸上有了光彩："我非常欣赏你的理由，下个月你到销售部任副经理，协助梁经理工作，怎么样？"

猝不及防的结果让刘明说不出话来，好久才说："谢谢!"正要转身出去，老板又叫住了刘明，递给他一叠钱，"这是鱼缸钱和鱼钱，你刚参加工作，哪有什么钱呢!你不知道，我也是受苦人出身，挣钱不易啊!"

刘明的泪水一下子涌了出来。不管受了怎样的挫折，毕竟他得到了应有的理解和尊重。刘明为自己能在涉世之初坚守做人的原则而感到欣慰。

二、案例评析

（一）案例蕴涵的道理

要想成为一名出色的领导者，最首要的素质是诚实、求是、讲信用。案例中的老板就是在一个偶然的事件中，挖掘和考察到了下属刘明的这种美德。从整个事情的发展过程看，刘明有机会一走了之，逃脱责任。但一种做人的品格和信仰，却使刘明留了下来，要为自己所做的事情承担责任。尽管这种责任是以倾其全部积蓄和求助别人为代价，也在所不惜。而老板也恰恰是看中了他的这种优秀品质，觉得这正是发展企业所急需的人，倍加欣赏，提拔到领导岗位上来。我们可以想象：如果这位老板仅仅从打碎鱼缸和白鱼死了的事实出发，不到做人的品格上去认识这件事，那么结局就会不同，极有可能是刘明失去了这份工作，企业也失去了一位忠诚的年轻干部。在这里，我们不能不佩服老板选人的独到之处及高明。

（二）农村干部领导工作中存在的错误倾向

考核中缺乏立体性，视角和方法过于简单，仅限于月考、季考、年考等，而且也往往是个人汇报多，客观分析少。对于有些群众提出的异议缺乏辩证的分析，不做深入细致的调查，常常会因为一些并不符合事实的意见而影响了优秀人才的晋升。不善于从考核的内容中，发现对象的长处，使考核流于形式的东西多。同时不容忽视的一个问题是赏罚不分明。考核的本意是通过检查考评下属的工作情况，并据此作为今后发展使用的依据。而当前看到的情况是，考核成绩好的未必被奖励任用，未能达到考核标准的干部，有些却依然在原来的岗位上不调离也不降职。如此考核已失去了激励鼓舞的作用。

（三）通过案例应吸取的经验教训

案例中的刘明是刚刚走入社会的年轻人，处世的态度和做人的准则对他整个的人生都将起到重大的作用。经历了这样一件事，使他坚信认真做人、以诚相待是立足社会之本。而这一切都源于老板的正确考核。老板能在看似十分偶然的事件中，发现员工身上的可贵之处，并能从情感和理智上与下属建立起信赖、体贴的关系。不摆架子，不盛气凌人，让刘明感到了少有的理解与尊重。我们的领导干部在处理这类事情时，也要以此为鉴，善于从细微之中了解下属的每一项长处，多从情感上关心下属，对出现的问题要多作分析，辩证全面地做结论，为每一位年轻干部的成长提供更多的机会。

第六章　农村干部贯彻群众路线的艺术

群众路线既是我们党在长期领导实践中所形成的具有中国特色的领导方法，也是我们党根本的工作路线，能否有效地坚持群众路线，事关党在农村一切工作的成效，因此，客观上要求每一位农村干部必须学习、掌握和运用群众路线的方法与艺术。

第一节　群众路线概述

一、群众路线的形成与发展

毛泽东同志最早对群众路线进行了概括和诠释。1943 年 6 月 1 日，毛泽东同志在为中央起草的《关于领导方法若干问题》中说：“在我们党的一切实际工作中，凡属正确的领导，必须是从群众中来，到群众中去。”对于这一领导公式的含义，毛泽东同志解释说，就是将群众的意见（分散的无系统的意见）集中起来（经过研究，化为集中的系统的意见）；又到群众中去做宣传解释，化为群众的意见，使群众坚持下去，见之于行动，并在群众行动中考验这些意见是否正确，然后再从群众中集中起来，再到群众中坚持下去，如此无限循环。这就是说，“从群众中来，到群众中去”，不只是一次完成的，是一个连续不断的过程。

党的群众路线是毛泽东思想体系的重要组成部分。1981 年中央作出的《关于建国以来党的若干历史问题的决议》，把党的群众路线列为毛泽东思想活的灵魂的三个基本方面之一，指出："群众路线，就是一切为了群众，一切依靠群众，从群众中来，到群众中去。"

邓小平同志把群众路线这一毛泽东思想的活的灵魂贯穿于自己的实践活动和理论创造之中，不仅坚持和继承了毛泽东所创立的群众路线的工作方法，而且赋予它以鲜明的时代内容；一是倡导在实事求是思想路线指导下走群众路线；二是提出了充分依靠群众，尊重群众的首创精神，但一般不搞群众运动的思想；三是坚持人民利益标准与"三个有利于"标准的统一，提出了判断我们各项工作是非得失的标准，"应该主要看是否有利于发展社会主义和生产力，是否有利于增强社会主义国家的综合国力，是否有利于提高人民的生活水平"。邓小平的群众观丰富和发展了毛泽东思想。

江泽民同志在邓小平同志"三个有利于"标准的基础上，提出"把人民拥护不拥护，人民赞成不赞成，人民高兴不高兴，人民答应不答应作为制定各项方针政策的出发点和归宿"，并根据党群关系变化的新情况，对新时期党群关系的重大理论和实践问题作出了一系列富有创造性的论述：中国共产党始终代表着中国先进生产力的发展要求，代表着中国先进文化的前进方向，代表着中国最广大人民的根本利益。"三个代表"的重要论述，是对党的性质、宗旨和历史任务的新概括，也为我们党一贯坚持和倡导的群众路线注入了新的内涵，使党的群众路线更具有时代特色。

21 世纪新阶段，党中央又提出了深入贯彻落实科学发展观的新要求。科学发展观的第一要义是发展，核心是以人为本，基本要求是全面协调可持续性，根本方法是统筹兼顾。即坚持以人为本，树立全面、协调、可持续的发展观，促进经济社会和人的全面发展，按照"统筹城乡发展、统筹区域发展、统筹经济社会发展、统筹人与自然和谐发展、统筹国内发展和对外开放"的要求推进各项事业的改革和发展。它为我们指明了进一步推动中国经济改革与发展的思路和战略，明确了当前和今后我国经济社会发展的根本指导思想，标志着党对于社会主义建设规律、社会发展规律、共产党执政规律的认识达到了新的高度，标志着马克思主义和新的中国国情相结合达到了新的高度和阶段，也标志着党的群众路线得到了新的巩固和深化。

二、群众路线的基本内容

党的群众路线所包含的内容是极其丰富的，归纳起来，党的群众路线的基本内容主要有以下几方面：

（一）一切为了群众，一切依靠群众

“一切为了群众，一切依靠群众”是我们党一切工作的出发点，是党的群众路线的核心内容，它包括以下四层含义：一是一切为了群众，全心全意为人民服务。为人民服务，是我们党的宗旨。人民群众之所以真心实意地拥护党、紧密地团结在党的周围，坚决地跟着党走，正是因为我们党坚持一切从人民群众利益出发，全心全意为人民服务的宗旨，是人民群众利益的真正代表者。二是一切向人民群众负责。毛泽东同志把“向人民负责和向党的领导机关负责的一致性”，当做我们党的工作的出发点。对上负责与对下负责是一致的，我们所做的每件事情，既要经得起上面的检查，更要经得起群众的检查，对上要敢于反映真情，当好群众的代言人；对下要能够放下架子，当好群众的学生，不可欺上瞒下，更不能逃避责任。三是相信群众能够自己解放自己。只有人民群众才是历史的真正创造者。任何恩赐的观点，代替群众斗争的观点，都是错误的。我们的一切纲领与政策，不论如何正确，要是没有广大群众的直接拥护和坚持，都是无法实现的。所以，我们的一切，都依靠于和决定于群众的自觉自愿，否则就将一事无成。四是努力虚心向人民群众学习。群众是真正的英雄。只有学习人民，尊重人民，才能更好地服务人民，代表人民。先做群众的学生，然后做群众的先生，并且只有不断做学生，才能继续做先生，不经常地向群众学习，不在群众中汲取营养，就势必脱离群众，使自己孤立起来。

（二）从群众中来，到群众中去

“从群众中来，到群众中去”是基本的领导方法，这是党和国家

制定正确的方针政策必须遵循的途径。它包含两方面的含义：一是“从群众中来”，即“集中”的方法。“从群众中来”，就是通过调查研究。集中群众的智慧和经验，摸清群众的愿望和需要，以形成正确性的路线方针政策和办法。人民群众是认识世界和改造世界的主体，具有丰富的实践经验。因此，领导者的一切正确的决策和方法，归根结底只能作为我们政策的基础。二是“到群众中去”的方法，即“引导”的方法，就是将“从群众中来”的理论、路线、方针、政策化为行动方案指导群众实践，这是一个精神变物质，认识经受实践检验的阶段。“到群众中去”，包括三个相互联结的环节：一是向群众宣传党的路线方针政策和办法，即提高群众的思想认识水平；二是把理论化为群众的自觉行动达到改造世界的目的；三是通过群众的实践，来检验路线方针政策和办法的正确性，并根据新的经验加以修改、补充和完善。在这个过程中还需要依靠群众监督检查各项政策的执行、落实情况。检验政策完善与否只能以群众拥护不拥护、群众赞成不赞成、群众高兴不高兴、群众答应不答应为标准。

“从群众中来，到群众中去”是一个循环往复、不断发展的过程，任何一项正确方针、政策的制定，绝不可能只通过一次“从群众中来，到群众中去”的具体过程就能够完成的。“从群众中来，到群众中去”是党长期的群众工作经验的结晶。

三、群众路线的地位和作用

党的十三届六中全会通过《关于加强同人民群众联系的决定》指出：党的群众路线是实现党的思想路线、政治路线、组织路线的根本工作路线。只有贯彻群众路线，才能使党的思想路线、政治路线和组织路线得到实现。

（一）群众路线是党的根本政治路线和组织路线

我们党的各条路线的贯彻执行，必须依靠群众的支持和努力；我们党的政治路线、组织路线和各项具体的工作路线，以及其方针政策是否正确、正确与错误的程度，也通过群众的实践来检验。

党的政治路线是党在一定历史时期为完成一定的政治任务而制定

的总路线和总政策，它是工人阶级和广大劳动人民利益的集中反映体现。根本政治路线，就是党必须在政治上代表广大人民的根本利益并领导群众为实现自己的利益而斗争，党在各个时期的政治路线虽然不同，但都有其共同点，就是从制定到贯彻实行都要经过从群众中来到群众中去的过程，所以，它的根本点就是党的群众路线。

群众路线不仅仅是党的根本的政治路线，也是党的根本组织路线。我们说群众路线是根本的组织路线，是指党必须密切联系群众，一切相信群众，一切依靠群众，用正确的态度和正确的方法处理党同群众的关系。党的组织路线是为政治路线服务的，是由政治路线决定的。党的组织路线的基本原则是在民主基础上的集中，在集中指导下的民主，即民主集中制。在民主基础上集中的过程，就是“从群众中来”的过程；在集中指导下宣传群众、组织群众的过程，就是“到群众中去”的过程。党的组织路线最本质的内容就是组织群众自己解放自己，支持人民真正成为国家的主人。如果说党的政治路线是“一切为了群众”，那么党的组织路线就是“一切依靠群众”。

（二）群众路线是实现党的思想路线、政治路线、组织路线的保证，是党的根本工作路线

党的思想路线是一切从实际出发，理论联系实际，实事求是，在实践中检验和发展真理。其核心是实事求是。实事求是的基础是实践，坚持实事求是，必须坚持在实践中检验和发展真理。一切从实际出发，就是从人民群众的利益出发；理论联系实际，就是理论和人民群众的实践相结合；在实践中检验和发展真理，就是在群众的实践中检验和发展真理；坚持实事求是的过程，就是从群众中来、到群众中去的过程。如果脱离了实践，脱离了实际，就不可能做到实事求是，只有坚持群众路线，才能保证党的实事求是思想路线的实现。

党的政治路线的实现也必须依靠党的群众路线。党的政治路线的制定过程，需要坚持群众路线。党的路线和政策要反映群众的要求，要体现大多数群众的最大利益，就必须集中群众的智慧，总结群众的经验。政治路线确定以后，还要通过依靠群众去实行。要善于宣传群众、发动群众，把党的政策变成群众自觉行动，并在群众的实践中得

到检验、补充、丰富和发展。不论在任何时期，党的政治路线都是要回到群众中去依靠群众贯彻执行的。

党的组织路线是为党的政治路线服务的，是实现政治路线的保证。党的组织路线要保证党的政治路线实现，也必须坚持群众路线。首先，我们党的干部路线，只有通过群众路线才能实现，只有坚持群众路线，才能保证党的干部选拔与培养适合党和人民的需要，才能实现党的政治路线。其次，我们党的民主集中制的组织原则是党的群众路线在党的生活中的体现。最后，党的集体领导制度，也是党的群众路线在党的领导原则中体现。

总之，只要我们坚决执行党的群众路线，我们党的思想路线、政治路线、组织路线就能顺利地贯彻执行；坚持正确的思想路线、政治路线和组织路线，就是从各个方面坚持党的群众路线。

第二节　贯彻群众路线的方法与艺术

群众路线是一种最基本、最重要的领导方法和艺术，不论是处于哪个层次的干部都必须学习、掌握和运用好这一方法和艺术，农村干部在基层工作中更要注重贯彻群众路线。

一、群众路线的领导方法

群众路线的方法是党的群众路线在实践中的贯彻和运用，其主要内容包括：从群众中来、到群众中去；一般号召和个别指导相结合；领导和群众相结合。

群众路线的方法，是一个互相联系、互相作用、互相制约的有机整体。其中“从群众中来，到群众中去”是群众路线领导的方法核心内容，它决定其他两种方法，贯穿于群众路线领导方法的始终，主要是用于如何制定决策；一般号召和个别指导相结合是群众路线领导方法的重要组成部分，主要是用在决策实施时，领导者如何指导群众行动；领导和群众相结合的方法是由前两种方法派生出来的。因为任何一种方法都有离不开领导和群众这两头，它是实现前两种方法的基础。运用好这一方法，就等于掌握了群众路线方法的钥匙，所以，我们在工作中，不能孤立地强调其中一种方法而忽视其他方法，要完整地科学地理解和运用这些方法。

二、贯彻群众路线工作方法的艺术

群众路线及其方法对每一位干部而言，都不会陌生，无论是从党的文件中，还是各级领导的讲话中，到处可以见和听到这些内容，不少的干部能将其倒背如流，但能真正将其用活用好的干部，为数并不是很多，究其原因是因为，群众路线也是一门艺术，同一干部针对不同的事情或者不同的干部针对同一事情，其操作方法都有所不同，甚至有很大的差别。

农村干部处在干部层面的最底层，这种特殊地位，决定了他们贯彻群众路线工作方法的着力点，应放在深入群众、了解群众、团结、引导和组织群众上，使农民群众的内在要求及时转化为党制定政策的信息，使党的路线方针政策及时转化为农民群众的自觉行动。因此，农村干部应着力从以下几个方面提高其工作的艺术性：

（一）“修渠”的艺术

农民群众由于受主观条件的制约，在自发地与党的路线、方针、政策相一致方面，具有一定的局限性，需要农村干部加以正确的引导，但引导是有条件的，正如引水还需要有渠一样，要正确引导群众的思想必须先“修渠”。作为水利工程的修渠，需要做好三点：一是选址。二是组织调配好人员、资金、工具等。三是采取一定的组织形式。如大会战的形式，分段包干的形式等。作为引导群众的“修渠”，需要把握好以下几个方面：一是农村干部要吃透路线、方针、政策的精神。贯彻执行党的路线方针政策，农村干部得先理解政策，然后才能结合本地实际制定出符合村情民意的落实方法和措施。二是要摸清群众的思想脉搏，了解他们在工作生活中遇到的问题和困难，知道群众心里在想什么，要什么。而要想了解到这些真实信息，农村干部就不能蜻蜓点水、走马观花式地在基层转几圈，随便找几个群众聊几句，必须放下架子，虚心向群众请教和学习，不知就不知，不要不懂装懂，只有这样群众才会向你说实话，说真心话，才能提出好的意见或建议。

然后，村干部才能结合群众的思想实际，做好宣传解释工作。三是要理清工作思路，准备好应急措施。工作要有计划性，凡事都要先想个明白；如工作的方向在哪儿，目标是什么，有什么样的思路，可能会出现什么问题，出现问题以后怎么办等。这也和修渠一样，渠修在哪里，距离有多长，需要多少人力、物力、财力，都要事先做出预算，中间出了问题，比如暂时人手不够、资金周转不开时怎么办等都得有应急措施，以免到时手忙脚乱，顾此失彼。

（二）“引水”的艺术

渠修好以后就可以引水了。从哪引水呢？得先有水源，是从水库里引水，还是从河里引水，或者是从井里引水，引水的渠道越多，越能发挥其保障作用。做群众工作也像引水一样，联系群众的渠道是很多的，可以家访、个别座谈、聘请群众联络员、开征询意见会、和群众聊天、与群众交朋友等；也可以通过对话的形式，干部和群众面对面，这样能使信息不走形，感情有互应，便于之间了解、理解、谅解、团结；也可以组织讨论、争论、辩论的办法，这种方法日常工作中经常使用。美国财星顾问总裁布朗讲：“有效的对立是一种管理技巧。”有比较、对立，事情才能发展，有两派意见是好事，可以使我们看问题比较全面，少犯错误，可以揭露矛盾，深化对问题的认识，通过争论可以发现新的问题，激发人的活力，辩出新思路、新办法、新思想。正确引导群众除选准途径之外，需要把握好以下几个方面：一是宣传的口径要一致。就像引水一样不能乱开口子，目前在农村工作中，这方面的问题较突出，每一个干部都是凭自己的理解去解释政策，使得群众不能有统一的认识，所以在这些方面应该引起注意，避免无效劳动由此而带来的其他的负效应。二是要注意时效性。引水不考虑其时效就没有意义，引导群众也是一样，要注重事前引导，尽管事中和事后引导也很有必要，但事前的引导如果做不好，那么引导的效果会大打折扣。三是引导要把握好度。如引水一样，渠里的水太多就会到处溢水，甚至造成灾害，水也不能太少了，太少了就难以起到作用，引导群众如果把握不好度，同样会造成群众的不满甚至是对立情绪，起不到引导的效果。

（三）“储存”艺术

从各个渠道引来的水汇总以后都流到了干渠，然后又顺着支流灌溉到农田里，但引来的水可能一下子用不完，如果让它白白地流掉，在水源缺乏的地方是很可惜的，就要想办法把这些水储存起来，待需要时再用。贯彻群众路线方法的“储存”有两方面含义：一是从群众中收集上来的意见是很多的，需要集中即“储存”起来，然后再进行整理、归类。从群众路线方法的角度来说，就是善于听取并全面听取群众的意见，既要听正面的，也要听反面的，特别是要听和自己看法不一样的，自己不熟悉的人，从外面回来的人，和自己意见相左的人是怎么看的，等等，把群众分散的、不系统的意见，正确及错误的建议意见都集中起来，进行研究分析和加工整理，从而获取有益的信息。二是有些群众提的建议是很好的，只是现在条件不具备，无法实现，这部分建议也要储存起来，等时机成熟时再考虑。这种“储存”需要把握好两点，首先是不要伤害这部分群众的积极性，在肯定他们意见的基础上，向他们解释清楚原因，使他们对意见暂时没有被采纳能够真正地予以理解；其次是当条件具备时，把被储存的意见或建议提取出来，加以充实和完善，并在实施前让提建议的群众知晓，这些措施是在他们的意见或建议的基础上形成的，使他们既有被尊重的感觉，也认识到干部以前说的是真话，干部是可以信赖的，这样就利于群众敢说真话、能说真话和愿意说真话。

（四）“净化”的艺术

储存起来的水还要经过净化过滤才能使用，不能把污水浇到农田里。对收集上来的群众意见进行分析、综合、概括、提高的过程就是“净化”的过程，“净化”的过程就是对群众意见进行加工处理，形成农村干部工作意见的过程。因为群众的经验、知识和意见往往是零散的、不系统的，而且群众提出的各种建议和意见，都是站在自己角度发表的，有正确的，也有片面的和错误的，立场不一样，观点也不一样。这就需要我们农村干部采取实事求是的态度和科学分析的方法，把群众的意见，加以去粗取精、去伪存真、由此及彼、由表及里的改造制作，形成正确的系统的意见。“净化”的过程可分为两个阶段进行：首先是对收集上来的群众意见进行筛选，看意见的内容是否真实，根据是否充分，表达是否准确，观点是否成立，经过筛选后的群众意见要客观、真实。其次，对群众意见进行加工处理。要分析每个群众意见的真实含义，这个意见到底意味着什么，对从不同角度、不同渠道得到的意见、建议要辨别真伪，进行兼容综合，形成一个比较完整的符合群众利益的工作意见。“修渠、引水、储存、净化”的过程就是从群众中来，集中群众意见形成领导决策的过程。

（五）“灌溉”的艺术

灌溉的方法很多，既有传统的漫灌或沟灌、盘灌，也有现代喷灌、滴灌、渗灌等。到“群众中去”也需要有相应的方法，“到群众中去”与“灌溉”有异曲同工之妙。在农村工作中，基层干部宣传上级的政策、执行上面的决定，普遍采取的一种方法就是群众会上说说，广播上讲讲，有时甚至连这些也没有。只有上级党委及政府将任务布置下来，就按照规定时间去执行，群众完全是被动的。你听也罢，不听也罢，理解也好，不理解也好，都必须接受，不接受就会受到训斥，甚至是惩罚，这与我们说的“漫灌”是一致的。漫灌既费水、费电，又费力，效果也不好，当然过去农村受经济条件的制约，只能采取“漫灌”的方式。问题是现在我们许多农村已经具备了其他相应的灌溉条件，而采用漫灌的方法就落后于形势了。当前群众思想觉悟已有较大的提高，民主意识，法律意识和政策水平和过去大不一样了，在这种情况下，仍然让群众被动接受“漫灌”方式就显得不合时宜了，因此需要改进，运用新的方法，这是我们贯彻群众路线工作方法和艺术的必然选择。

党制定路线方针政策的依据虽然是从群众中来的，但并不是把意见和经验简单地堆积起来，而是经过选择、整理和提炼过的，已经和群众的原始意见不太一样了，群众有可能不理解、不接受，就需要村干部做好宣传教育，说服引导工作，把村干部的意图、安排交给群众，向群众讲清楚方针、政策、计划、方案的内容、目的，做好动员群众的工作，让群众了解你到底要干什么，要达到什么目的，也使群众能够认清自己的利益，知道自己该做什么和怎么做，就是说要采用“喷灌”的方式，在不知不觉，和风细雨中，让政策家喻户晓，人人皆知。如果采取“漫灌”的方式，强迫群众去接受，结果可能会适得其反，因为人们都不喜欢你去强迫他，这是人的一种保护自己的心理。

经过宣传和组织，群众基本上都动员和行动起来了，如果还有个别人思想不通、不理解、不执行，就需要采取“盘灌”的方式，一桶一桶，一棵一棵单独对他浇水，动之以情，晓之以理，最终使他们的思想能够统一到大家的一致行动中的。

“灌溉”的方法就相当于“到群众中去”的方法，是领导与群众相结合，一般与个别结合的方法，是一个化领导意见为群众行动的过程。

农村干部除较好掌握以上五个方面的艺术之外，还需要运用“钉子”的艺术与之相辅助。

所谓“钉子”有三个不同方面的含义：一是造钉子；二是扎钉子；三是拔钉子。

（1）造钉子。钉子有一个非常锋利尖子，可以穿透一些非常坚硬的物体。我们的村干部在平时的工作中，会经常遇到这样的问题，自己从内心想把有些情况了解透，可总是隔着一个“厚纱”，原因是群众不想让你了解。遇到这样的情况，村干部就得会造“钉子”，并善于用“钉子”穿透“厚纱”，从而了解真情。村干部要学会造“钉子”，就必须从自身提高入手，通过多渠道多方式不断进行自我改造，使自己具备锻造各种“钉子”的能力。

（2）扎钉子。“钉子”造好以后，还得派上用场。我们都见过皮球，皮球的气越足，反弹的力量越大，你不动它，它可能原地不动，你稍微拍它一下，它就能跳动起来，你拍的力量越大，它跳得越高，而且反弹的次数越多，时间越长。皮球现象正如农村干部在工作中遇到的问题一样，个别村民是说不得、惹不得，是有名的刺头，对付这种人的办法就是用“钉子”将“皮球”扎个洞，气泄了，皮球也就不跳了。当然，要运用好扎钉子的方法，也需要农村干部做出不懈的努力，主要体现在以下几方面：一是平时要严于律己，使自己造的钉子能够穿透皮球；二是要善于把握那些刺头的内心活动，使得钉子一扎就稳，一扎就准；三是要把准火候，就像扎皮球得选准角度，选不好角度，不但扎不透皮球，反而有可能扎破自己的手。把准火候是整个“扎钉子”方法的关键。

（3）拔钉子。拔钉子也是农村工作中常用的一种方法，有个别村民正事不多，闲事不少，经常给村干部的工作人为地设置一些障碍，如同在路上埋一些钉头朝上的钉子一样，时不时要扎你一下，这部分人经常串东拉西，搞一些煽动群众情绪的小动作，而且煽动能力还强，一些抗税、阻碍村务、群众上访等案件一般都是这些人所策划，被人们习称为“钉子户”。对于这些人仅靠宣传教育是没有太大效果的，最有效的办法就是“拔钉子”，钉子一拔就会一了百了，关键是如何拔的问题。一般情况下，需要做好以下几点：一是平时注重与这些人的沟通和交流，使这些人认为村干部都是“自己人”，从而减少其发作的机会；二是在处理具体问题时，可向这些人讨教办法，让其自行撤除障碍；三是加大依法治村的力度，使这些人不敢发作。

第三节　必须坚定不移地贯彻执行党的群众路线

一、贯彻执行群众路线存在的主要问题

随着农村社会经济的不断发展，新情况、新问题和新矛盾不断出现，面对新形势，一些农村干部在要不要坚持党的群众路线的问题上发生了动摇，并在贯彻执行中出现了这样或那样的问题。

（一）农村干部对群众路线认识上的主要误区

农村干部对群众路线的认识上存在着诸多误区，概括起来主要有以下三个方面：

（1）认为搞社会主义市场经济不需要坚持群众路线，群众路线的方法已经过时了。党的十一届三中全会以来，我们党在坚持走群众路线，密切联系群众方面，总的来说是好的。但另一方面，改革开放以来，由于市场经济的负面影响，相当一部分党员、干部全心全意为人民服务的思想和群众观点逐步淡漠，同群众的感情疏远了。他们不懂

得群众路线，不会甚至不愿意做群众工作，讲空话、图形式，不下真工夫，只拿假把式，做表面文章，甚至弄虚作假：决心在嘴上，行动在会上，落实在纸上，严重脱离群众。有些人误认为党的群众路线已经过时了，以为只靠少数能人就可以了。认为农民素质低，既没有发展市场经济的经验，也没有脱贫致富的能力，依靠群众已失去意义。

（2）只要坚持了依法行政就是坚持了群众路线。持这种观点的同志认为，法律本身就是人民群众意志的体现，只要坚持依法行政就是坚持了群众路线。因此在工作中不注意深入群众，了解群众的疾苦、意愿，不愿意到群众中做深入细致的调查研究，其结果往往是“长官意志”，群众同意的要执行，不同意的要强制执行，严重损害了群众利益。

（3）认为现代科技的发展，不需要“亲自”与人民群众接触了。一些同志认为，随着现代科技在社会生活中的日益广泛渗透，领导与群众双向交流的渠道大大拓宽了，看看材料、听听汇报，最多是请专家们座谈座谈就足够了，不需要“亲自”与人民群众接触了。这种认识忽视了这一点，先进的工具和手段不能代替领导深入群众的工作作风，材料与汇报并不能完全代表群众的所思所想，甚至与群众的实际看法是恰恰相反的。

（二）农村干部在贯彻执行群众路线过程中存在的主要问题

当前农村干部在贯彻执行群众路线过程中存在的问题较多，表现较为突出的有以下四个问题：

（1）官僚主义。官僚主义是一种脱离群众、脱离实际、当官做老爷的思想作风和工作作风。当前官僚主义的具体表现主要有以下几种：一是高高在上，脱离群众。他们平时架子很大，唯我独尊，对上巧言令色，对下作风粗暴，甚至作威作福，欺上瞒下，把与群众的“鱼水关系”，搞成了“油水关系”，甚至是“水米关系”。二是因循守旧，不思进取。不读书、不看报，不接触实际，对党的路线方针政策不学习不领会安于现状，无所作为，只当官，不做事，浑浑噩噩，打不开工作局面。三是不负责任，遇事推诿。没有事业心，在其位不谋其政，对上情一知半解，对下情模糊不清，不讲科学，胡乱决策，盲目蛮干，情况不明决心大，知识不多点子多。

官僚主义违背我们党的性质和根本宗旨，与“三个代表”重要思想和科学发展观的要求水火不容。官僚主义严重损害党群、干群关系，损害党和政府的形象，影响改革进程，危害社会稳定，必须坚决克服。

（2）形式主义。作为官僚主义孪生兄弟的形式主义也是多年的老问题。其表现主要有两种形式：一是热衷于哗众取宠，沽名钓誉。一些党员干部贪图虚名，心浮气躁，追逐名利，不是把精力用在踏踏实实为农民谋利益上，而是热衷于搞各种“政绩工程”，结果是劳民伤财。二是只说空话套话，报喜不报忧。不干实事，掩盖矛盾和问题，有的地方已经发展到欺上瞒下、弄虚作假、虚报浮夸的地步，酿成很严重的恶果。现在发生的一些严重的突发事件和群众事件，一个很重要的原因就是因为形式主义在作祟。

（3）命令主义。命令主义说到底是骄傲、专横、自作聪明，遇事不同群众商量，把自己的意见强加于人。在实际工作中，命令主义主要有三种表现：一是不相信群众，不依靠群众，也不耐心地启发群众，而是凭自己的主观愿望，一意孤行，工作方式简单粗暴。二是对工作的要求，超出群众的觉悟程度。往往以先进的典型去要求一般群众，采取揠苗助长的方式去进行工作，不管群众愿意不愿意，就强迫群众行动，甚至采取威逼、处罚的办法来达到目的。三是不去了解群众的意见和要求，去切实地解决群众的疾苦。为了向上级邀功，常常采取种种强迫手段，追求虚荣。

（4）尾巴主义。尾巴主义就是把一部分群众的错误意见当做广大群众的意见，迁就群众中的落后意见，把自己降低到普通群众甚至落后群众的水平，做群众的尾巴。尾巴主义的错误主要表现在：一是落在群众和形势发展的后面，不能带领群众创造新局面。党员干部应该是群众的领路人，但尾巴主义者却落后于多数群众的觉悟程度，群众已经认识到的问题，他们还没有认识到；多数群众要求办而且应该办的事情，他们却拉住群众的后腿。二是脱离党的路线方针和政策。他们办事背离党的政策，盲目顺从群众的落后意见。三是迁就某些群众的落后意见，助长群众的落后意识。

二、灵活运用群众路线的方法与艺术，努力做好农村各项工作

我们党天天都在做群众工作，天天都在讲群众路线，怎样才能保证在工作中贯彻党的群众路线呢？

（一）加强理论学习，提高村干部对群众路线的认识水平

加强理论学习，提高认识水平是对每一个农村干部的基本要求，在新的历史时期，每一个党员干部都要结合改革开放和社会主义市场经济的发展，自觉进行党的宗旨和群众路线的学习，从讲政治的高度来认识坚持群众路线的问题，使每一个农村干部和党员懂得群众路线是我们党正确领导的保证，是我们党力量的源泉。不论在什么样的环境和条件下只有坚持和贯彻执行群众路线，才能得到群众的支持和帮助；反之，党群关系就必须受到损害，这是我国现代化建设实践的明证。因此，每一个农村干部和党员必须对此有一个较为清醒的认识。

（二）发扬民主，保证决策及其执行符合广大农民群众的利益

要保证决策正确，执行有效，必须坚持从群众中来到群众中去，建立和健全民主的、科学的决策制定的执行程序。凡是决定重大问题，必须走群众路线，充分调查研究，听取各方面的意见，反复比较、鉴别和论证，广泛了解村情和民意，为正确决策提供丰富、真实的信息。决策过程中要严格执行民主集中制的原则，充分发扬民主，在民主讨论的基础实行正确的集中。在决策执行过程中要紧紧依靠群众，把依靠群众和教育引导群众结合起来，注意把上级决策同本地实际结合起来。通过教育，提高群众的整体素质，通过引导，把党的方针政策和各级领导变为群众的自觉行动，这样才能保证代表群众利益的决策得到贯彻执行。

（三）深入实际，深入群众，切实改进工作作风

官僚主义是群众路线的死敌。每一个农村干部及其党员必须克服高高在上、发号施令、工作漂浮、不务实事、做表面文章、弄虚作假、

报喜不报忧等不良作风。要深入群众，深入实际，勤政为民，真抓实干。一是要深入实际，调查研究，真正做到了解实情。深入实际，务必讲究实效，切忌形式主义。要真正扎下去，沉下去，不能搞蜻蜓点水，走马观花。二是深入群众，要真正做到体察民情，了解民意，集中民智，珍惜民力。三是了解群众，关心他们的疾苦，切实解决实际问题，为群众办实事。

（四）坚持党群众路线的工作方法，密切同人民群众的联系，必须坚持清除腐败

坚持党的群众路线，保持党与群众的密切联系，必须要坚决反对腐败，这是新时期密切党群关系必须下大力解决的一个突出问题。当前，群众对发生在自己身边的消极腐败现象和不正之风，感受最深，反映最强烈，最容易造成党群干群关系紧张，最容易影响农民群众积极性的发挥。腐败现象严重危害人民的利益，损害党和政府在群众中的形象，削弱党与人民群众的血肉联系。国以民为本，党以民为基。如果没有人民群众的拥护和支持，我们党就失去了存在的基础，就什么事情也干不成。因此，只有坚决清除腐败现象，才能进一步密切同人民群众的联系。

党中央强调："共产党员要倾听群众的呼声，关心群众疾苦，为群众办实事、办好事。党的干部特别是领导干部，必须认真执行党的路线、方针、政策，绝不能有任何偏离；必须正确行使人民赋予的权力，绝不能以权谋私；必须把对上级负责和对人民负责统一起来，绝不能把二者割裂开来、对立起来；必须在工作中坚持群众路线，深入实际调查研究，绝不能搞官僚主义、形式主义、强迫命令。一切为了群众，一切相信群众，一切依靠群众，我们党就能获得取之不尽的力量源泉。"这四个"必须"，是新的历史条件下密切党群关系的根本要求和指导方针。农村党员干部时时处处生活在群众中间，是党和政府的形象窗口，一定要以四个"必须"为指针，以全心全意为人民服务为宗旨，扎扎实实地把群众路线的工作方法贯穿于自己工作的每一环节及全过程。

第七章　农村干部坚持集体领导的艺术

所谓集体领导，就是指凡属涉及全村整体发展和村民重大利益的决定，要集中村级班子人员集体的智慧和才能，由农村领导班子集体研究和决定。农村集体领导作为一种在我国广大农村长期以来已广泛实行的领导方法，对推动我国广大农村地区的经济和社会发展发挥了极其重要的作用，是一种经过实践证明符合我国农村实际的领导方法。因而，作为一名农村干部，应正确掌握并运用集体领导的方法与艺术。

第一节　集体领导的重要作用与核心内容

一、农村集体领导的重要作用

面对国际环境对我国农业、农村的挑战以及继续深化农村经济体制改革，稳步推进我国农业和农村现代化的宏伟任务，农村干部必须加强农村集体领导，继续发挥农村集体领导在农村各项工作的作用。新时期加强农村集体领导的重要作用有：

（一）农村集体领导是村民自治正常运行的保证

在农村经济和社会的发展中，我们从来不否认个人的力量和作用，但由于受文化、能力、经济和社会历史条件的限制，在纷繁复杂的农村事务中，个人的能力和作用是极其有限的，不可能靠一盘散沙式的单兵作战来完成农村的各项工作，这就需要靠集体的力量来完成，要有一个能够代表广大农村群众意愿，为广大农民群众办事的领导组织。为了保证组织能够体现农民群众的意愿，代表农民群众的利益，组织中实行的是集体领导的方法。因为，一是集体领导可以较好地体现农民群众的意愿。农村干部与广大农民群众生产、生活在一起，他们了解农民群众的想法与意见，农民群众所想的正是农村干部所想的，农民群众的利益也就是他们的利益，决策时农村干部所提出的建议与看法就是农民群众的看法，因而，在广泛征求农村干部的意见基础上所形成的决策，一定程度上就是农民群众意志的体现。二是农村集体领导可以防止权力的专断。由于农村干部每个人的目标和追求不一样，所以在决定重大问题时，每个人的想法和意见会有所不同，实行农村集体领导，可以克服个人或少数人的意志代替多数人的想法的不良倾向，防止权力专断，使决策更加民主化。三是有利于监督。实行集体领导可以使每一位农村干部的言行置于班子成员的监督之下，有效地约束农村干部的行为，使决策更加符合农民群众的利益。总之，实行集体领导，就可以保障村民的利益，体现农民群众的意愿，并保证村级自治工作的顺利进行。

（二）农村集体领导有助于发挥班子合力的作用

“一个篱笆三个桩，一个好汉三个帮”。在现代农村社会中，面对瞬息万变的信息和复杂的农村事务，单个农村领导的能力是有限的，他不可能承担起农村社会发展的所有重任。这就要有一个集体领导来保证，必须借助于集体的力量，调动一切积极因素，充分发挥农村干部的群体效应，形成合力共同有效地承担起农村工作的重任。一是农村集体领导可以使得村干部之间通力合作。采取农村集体领导，村干部之间可以充分发表意见，在重大决策中充分展示自己的才智，还可以相互启发、相互提高，并最终达成共识，从而在为共同事业奋斗的基础上，搞好团结，减少失误，形成合力。二是农村集体领导可以促进村干部之间互相合作，有利于及时校正工作中的失误。实行农村集体领导，易使村干部形成统一的认识，确立共同的目标，在分工负责时，班子成员之间不但减少了矛盾和摩擦，为实现共同的目标，相互支持、相互帮助、互通信息、互通有无，而且在工作出现失误时，大家也可以互相提醒，补台而不拆台，共同把农村的各项工作搞好。三是农村集体领导有利于调动每一位村干部的积极性，提高工作效率。实行农村集体领导可以使村干部之间互相信任、互相理解、互相支持，形成一个良好的干事创业的良好氛围，有助于发挥每一位村干部的聪明才智，调动每一个人的积极性，进而提高整个班子的工作效率。

（三）农村集体领导有利于促进农村经济的发展

大力发展农村经济是农村干部的中心工作。在新的历史条件下只有坚持集体领导，才能促进农村经济的发展。究其原因：一是实现农村集体领导有利于选定适合农村村情民意的发展思路。实行农村集体领导可以充分听取各方面的意见，拓宽自己的思路，并仔细分析研究各种发展思路，比较鉴别并最终选定一个最切合村情民意的思路。二是实行农村集体领导有利于协调各种机制的良性运转。农村集体领导所决定的事项是农村干部和全体村民集体意志的体现，也是村级各组织一起分析研究协商的结果，村两委之间、村干部之间、干部与群众之间目标一致，因此，在实际工作运行中，必然会减少扯皮、摩擦，从而使各种机制能够较好的协调运转。三是实现农村集体领导有利于农村各种资源的合理开发。实现农村集体领导可以使资源的开发更趋合理、科学，既看到眼前利益又可以看到长远利益，既看到利益又可以看到可能带来的后果，并科学选定开发计划，为农村经济的可持续发展创造条件。

二、农村集体领导的核心内容

农村集体领导与个人分工负责相结合是农村集体领导的核心内容。集体领导与个人分工负责相结合，既强调集体领导，又强调个人负责，并且要求把两者有机地结合起来。农村干部个人负责的优点在于责任明确、指导有力、反应灵敏、效率较高。集体领导的优点在于能够把集体智慧和个人的主动性、创造性有机地结合起来，集思广益，择优决策，能够防止农村干部领导活动中的独断专行等不良现象。

（一）坚持农村集体领导，必须坚持一切重大问题集体讨论决定

集体讨论是党的领导的最高原则，必须坚持一切重大问题集体讨论决定。只有实行集体领导，反映多数人的意志和智慧，集中正确的意见，才能保证决策的科学化，才能保证实现正确的领导。邓小平在《党和国家领导制度的改革》中指出：各级党委要真正实行集体领导和个人分工负责相结合的制度，要明确哪些问题应当由集体讨论，哪些问题应该由个人负责。重大问题一定要由集体讨论和决定……集体决定了的事情，就要分头去办，各负其责，绝不能相互推诿。

农村工作千头万绪，情况复杂，存在大量的矛盾和问题。有了矛盾和问题并不可怕，只要我们认真对待，把问题摆到桌面上，开会进行讨论，各自提出自己的观点，协商解决，就不难找到解决的办法。因此，坚持一切重大问题集体讨论决定，既有利于矛盾和问题的及时解决，也有利于在复杂的情况中，正确把握好时局，从而促进农村工作的顺利开展。

（二）坚持农村集体领导，必须与个人分工负责相结合

没有集体的充分讨论和决定，不容易形成正确的决策；没有严格的个人分工负责制，就会出现无人负责，或者责任不明，互相推诿，工作效率低下的官僚主义，这样集体领导就成了一句空话。因此，要明确规定每个农村干部领导成员的职责范围，做到事事有人管，人人有专责，使每个农村干部领导成员责任明确，目标清楚，做到各司其职，各负其责。充分调动和发挥每一成员的工作积极性、主动性和创造性，只有这样才能在保证集体领导正确实施的前提下，最大限度地发挥村领导集体的整体效能。

第二节　农村集体领导的方法与艺术

村民自治是我国农村普遍采取的一种治理模式，村民集体领导既是对广大人民群众的最高领导原则的一种具体体现，也是村民自治的一种内在要求，因此，村民集体领导的方法与艺术必须是在村民自治的现实基础上，在集体领导与个人分工相结合的框架内而实现的一些极具农村特色的方式方法与艺术。

一、农村集体领导的方法

村民自治的深入开展，极大地调动了农村广大干群的民主热情，他们在实践中创造了诸多集体领导的方法。结合当前农村实际，重点介绍以下几种方法：

（一）会议讨论法

会议讨论是村集体领导最为常用的方法，其具体形式包括村民大会、村民代表会议、村党员大会、村“两委”班子联席会议等多种。

（1）村民代表会议。村民代表会议是在村民自治实践中由广大农民群众自发创造的一种行之有效的自治组织形式。村民委员会在研究决定村务工作即本村内部的事务，政务工作即需要村里完成的国家行政管理方面的任务和其他国家任务，按照村民大会的授权，可以适时召开村民代表会议进行讨论。

村民代表会议讨论决定必须依照下列基本程序：一是在村民代表会议召开之前，村委会要将会议讨论决定的有关事项通告村民代表，以便村民代表广泛征求村民意见，从而更好地代表村民利益和意愿参与有关问题的讨论；二是召开村民代表大会，村委会汇报并说明本次会议讨论决定事项的情况；三是村民代表讨论有关事项，并发表自己的意见；四是村民代表对讨论事项进行表决。

村民代表会议对所讨论事项进行表决的方式和原则，由于村委会组织法并没有做出具体明确的规定，各村可以依据具体情况灵活掌握，如可以举手表决，也可以投票表决等，可以采取少数服从多数，也可以采取简单多数进行表决。

（2）村民委员会会议。村民委员会实行的是集体负责制，而不是首长负责制，村民委员会组织法第 24 条规定："村民委员会决定问题，采取少数服从多数的原则。村民委员会进行工作，应当坚持群众路线，充分发扬民主，认真听取不同意见，坚持说服教育，不得强迫命令，不得打击报复。"按照上述规定，村委会在开会讨论问题时，应当经过大家酝酿，认真讨论，充分发表意见，包括反对意见，让每个成员都能把自己的意见讲完，最后按少数服从多数的原则作出决定。不能由个人说了算，也不能由少数人拍板定案。如果出现两种不同意见的人数相当，不能一下子作出决定的时候，应当让大家充分进行考虑，权衡利弊得失，然后再议，作出比较恰当的决定。

（3）村"两委"班子联席会。村支部和村委会都对本村的社会经济发展负有一定的领导责任，因此，在一些问题及事项的研究上，二者应加强沟通，适时召开村"两委"班子联席会。召开村"两委"班子联席会应遵循以下三点：一是村"两委"都有责任和义务召开联席会；二是谁主张谁召集；三是要民主讨论。

（二）农村集体领导与村干部分工负责相结合的方法

村集体领导研究决定了的事情，在付诸实施时也必须讲究一定的方法，即村干部分工负责的方法。

村干部分工负责要把握以下几个原则：一是各司其职，各负其责的原则。每一个村干部都要严格按照分工及其工作要求，认真履行其职责，切实把集体研究决定的事情落到实处，坚决避免分工不负责的错误做法。二是权责一致原则。任何一个干部要完成好其工作，都必须有一定的权力为基础和保证。在现实的农村工作中，经常出现有职无权的现象，导致很多工作无法落实，所以要保证集体领导的有效实施，除每一个干部分工明确以外，还应该使其承担的任务、责任与权利相一致。三是协商一致的原则。任何一项工作都不是孤立进行的，既要受到周围环境的制约，也要受到工作交叉的影响，在当前因工作交叉而引起的互相扯皮现象，在农村是司空见惯，所以要保证各项工作的有效实施，村干部在工作中要协商一致，达成互相之间的配合与支持。

村干部分工负责必须与集体领导相统一。村干部的分工负责是在集体领导下进行的，既不能出现分工中的遗漏，也不能出现超越集体决定范围的分工，这一点是应该引起农村干部高度重视的问题。

坚持农村集体领导与村干部分工负责相结合的方法，需要注意以下三种情况：一是不能把个人负责同个人专断混同起来。利用个人负责，滥用权力，甚至谋取个人的权利，并且不要任何监督，这是必须坚决反对的。二是个人负责并不是各行其是，也不是各吹各的号，各唱各的调。这样不仅使领导班子自己抵消了力量，减弱其战斗力，而且往往会因此而导致班子不团结。三是个人负责也不能整天只埋头于事务圈子，不发挥自己的主观能动性。

（三）农村集体领导监督工作实施的方法

集体领导的有效实施离不开监督，其监督形式既有村民群众的民主监督，也有各级组织的监督，同时，也缺少不了集体领导自身的监督。

马克思主义哲学认为，外因是变化的条件，内因是变化的根据，外因通过内因而起作用。因此，群众和其他组织的监督这种外在的因素再好，其效果都是有限的，村集体领导只有注重自身监督，及时发现和纠正一切工作中存在的问题，集体领导才能发挥最大的效用。因为集体领导自身对每一事项的决定过程、工作分配及其目标要求最为清楚，集体领导加强了自身的监督，才能较好地控制各项工作的实施。

村集体领导监督工作的实施，应注意把握好以下几个问题：一是监督是为了促进工作开展而不是干预和影响工作的开展；二是监督注重的是结果而不是形式；三是监督是经常性而不是一时一事的；四是监督是指向集体领导所有成员及其工作的，而不能是有所选择的；五是监督要依据客观事实，而不是主观判断或别人的谣传。

二、农村集体领导的艺术

农村集体领导的有效实施，虽离不开一定的方法，但仅有方法是不够的，还必须有一定的领导艺术，否则再好的方法也难以执行下去。

（一）会议讨论的艺术

会议讨论看似简单，其实不然，不讲究一定的艺术，会议就会议而不决，即便是形成了决议，其质量也很难保证，因此，必须讲究会议讨论的艺术。

（1）民主讨论的氛围要浓。会议缺少民主讨论的气氛，就失去了讨论的意义。目前农村的很多会议虽然也提倡大家各抒己见，但并没有人愿意多说，可见要树立良好的民主讨论氛围还需要把握好一些情节或问题：一是要尊重别人的发言。在别人的发言中间不要打断别人的话，除非在得到征求意见的信息时；否则，即便是有什么补充意见，也要等别人发言之后。二是在对别人发言进行意见补充或其他建议时，要先肯定别人的发言，不要为显示自己而贬低别人，更不能去有意指责别人的发言。三是在讨论发生意见分歧时，要认真听取各方面的意见，在确有新的见解时再进行补充，不要凭个人的好恶或感情的厚薄去支持一方或攻击一方。四是会议主持人要善于调节气氛，及时为会议讨论添加润滑剂或兴奋剂。

（2）会议的质与量要统一。会议讨论是坚持集体领导的有效形式，但如果只注重会议讨论的数量，而忽视会议讨论的质量，那么会议讨论逐步会流于形式。要切实做到会议讨论的质量统一，需要把握好以下几个方面：一是要注重会前沟通，使每一位参加讨论的人员知晓需要讨论的内容，并有足够的实际进行调研和形成较为完整的个人意见，不能开会时才宣布内容，使参会人员无任何准备。二是会议一般不要搞大杂烩，一个议题接着一个议题，使得参会人员感到很累，而且没有时间充分发表对每一讨论议题的看法。三是开会讨论要有明确的议题，不要漫无边际地讨论。四是每次讨论应尽可能形成决议，在实在形不成决议时，一定要确定下次讨论的时间、地点以及每一位同志应做的准备，确保下次会议讨论的成功。如果一个议题多次讨论没有结果，就说明议题不成熟，不要再进行讨论，待条件成熟后另行讨论，否则，就会导致大家对会议的厌烦感，并影响以后对其他议题的讨论。五是会议讨论所形成的决议，要记入会议记录，任何个人不能私自篡改，否则，人们会对会议失去信心。

（3）议与行要一致。会议讨论不是目的，目的在于落实，因此，要求议行要一致。如果会议讨论所形成的决议与实际执行不一致，即达不到会议讨论的效果，也无法保证集体领导的实施，在二者都无法达到的前提下，人们便对开会讨论这种形式产生疑问，并进而导致不愿在会上发言，甚至导致开会召不来人的情况发生。

（二）分工负责的艺术

农村干部分工负责才能保证集体领导的正确实施，但分工的结果不同，实施的效果也会不同，因此，村干部的分工负责也要讲究一定的艺术。

（1）合理分工。分工合理与否，直接决定着班子成员工作积极性的高低，决定着工作的完成程度，因此，分工也需要切实做到量体裁衣。每个人能力有大小，术业有专攻，因此，分工不能盲目，要依据每位同志的社会阅历、知识水平、能力倾向等进行合理分工，使每一位干部都能得心应手地开展工作，既不要出现一部分干部对工作的能力过剩，也不要出现一些干部对工作的能力欠缺，切实做到分工因人因事而异，使每一位干部适得其才，适得其所。

（2）唯才是举，德才并重。才与德是每一个干部干好本职工作和组织分配工作的必备要素，二者缺一不可，因此，在分工时既不能重才轻德，也不能重德轻才，二者必须兼顾。目前，在一些农村领导班子中，一些干部一切以自己的好恶与感情为圆心画圆，搞亲亲疏疏，既不重德，也不看才，结果群众意见很大，甚至连工作都难以开展，所以分工必须考虑德才的统一。

（3）协调沟通。协调沟通既是一种手段，也是一种艺术，没有良好的协调沟通，就难以增强理解与支持，就容易造成误解、矛盾甚至是危害，因此协调沟通也是做好分工负责的重要条件。要在分工负责中做好协调沟通，必须切实做到以下几个方面：一是要注重事前的协调沟通。事前进行协调沟通是取得对方理解支持的基础，在人们尊重心理的影响下，事前的协调沟通不但省时、省力，而且容易达成意见的一致，不要想着事情是自己负责的，不需要别人管，一旦出现需要别人协助时，就显得十分被动。二是要及时协调沟通。人们对每项工作都不可能做到完全充分的预测，因为世界上的万事万物都在时时刻刻发生着变化，所以，在工作进展过程中可能会遇到一些意想不到的事情。因此，需及时与村领导集体及其相关的成员进行及时沟通，这样才能获得理解和及时的协助与支持。三是谁负责谁主动。自己负责的工作，需要别人的支持，应该主动与他人沟通，不能想着以后谁不用谁呀，等着他人与自己沟通，那样工作就会有被动。

（三）集体领导监督工作实施的艺术

不讲究一定的艺术，村集体领导监督工作实施就很难达到应有的效果。结合农村工作的实际，村集体领导监督工作实施需注意以下几个方面：一是发现问题时，要及时听取工作负责人的情况汇报，在认真调查研究和分析的基础上得出客观的结论，然后及时进行反馈，并与工作负责人一起探讨解决问题的思路或办法；二是在干部出现工作失误时，要对干部有一个正确的评价，不要只看问题，不看成绩，只看结果，不看努力，将人一棍子打死；三是对因工作失职需要做出处理的干部，要先做好其思想政治工作，不让其形成出力不讨好的看法，否则，不但会影响他本人以后工作的积极性，也会因此对其他干部造成负面影响。

第三节　农村集体领导存在的主要问题与对策

一、农村集体领导存在的主要问题

（一）个人或少数人意志代替集体意志

在一些农村，由于封建主义思想的影响还没有消除，一些村干部官本位思想严重，加之市场经济利益驱动的影响以及一些宗族或家族势力对村干部工作所造成的思想压力，致使一些村干部在各项工作中，唯权、唯上、唯势和唯利思想严重，具体表现在以下几个方面：一是一切问题是上级领导说了算，一切对上负责。二是谁掌权谁说了算，一切听从权力的驱使。三是谁的势力大谁说了算，一切看势力大者的眼色行事。四是谁对我有利益或利益大，谁说了算，一切以自我利益为中心。因此，在一些农村，个人或少数人左右村里政务和一切事务的决定权，搞一言堂，把集体领导变成了个人领导或少数人的领导。

（二）班子内部不团结，内耗严重

农村集体领导能否有效地得以实施，与其班子是否团结有很大的关系。目前，由于一些村干部互相沟通不够，加之一些干部的组织原则性不强以及主要村干部的领导水平不高，致使相当一部分的村集体领导班子不团结，从而严重影响了集体领导作用的发挥，具体表现在以下几个方面：一是该说时不说，不该说时乱说，使集体领导难以实施；二是需要集体领导共同决定的事项，要么议而不决，要么各自为政，各行其是，极大地削弱了集体领导的地位；三是对集体领导已决定了的事项，合意的就执行，不合意就不执行，严重地制约了集体领导作用的发挥。

（三）集体领导的民主化程度不高

民主化程度的高低，直接决定和影响着集体领导的有效实施的程度。由于几千年的封建意识和人治思想在广大农村形成了根深蒂固的影响，一些干部和群众认为决策和领导只是少数人的事情，领导指到哪我们打到哪就行了，认为民主只不过是一种形式或程序，没有什么意义。受这种思想的影响，农村一些干群的民主意识不强，加之，我们的一些村干部对集体领导重要性的认识程度不够，以及村干部集中群众意见的水平不高，使得农村集体领导的民主化程度偏低，严重影响了集体领导的质量。具体表现在以下几个方面：一是村干部把村民大会、村民代表大会、村“两委”班子会等作为自己的办事机构，想开就开，不想开就不开，有利时就开，不利时就不开，以及想怎么开就这么开；二是开会讨论，一般不征求或者是很少征求群众意见，村干部一商量就确定了，谁有意见也没有用；三是有些事项村干部事前也征求了群众意见，而且也带入了讨论会场，但由于村干部集中群众意见的水平不高，致使一些真正代表民意的建议或意见难以真正被采纳，其形式民主而结果不民主。

二、解决问题的对策与措施

（一）加强理论学习，提高对农村集体领导工作重要性的认识

（1）强化政治理论学习。村“两委”班子成员要认真学习马列主义、毛泽东思想、邓小平理论，学习中央有关农村工作的方针政策，按照“三个代表”重要思想和科学发展观的要求，严格要求自己，努力提高自己的政治思想水平和理论素养，提高自己认识问题、分析问题、解决问题的能力，把中央有关农村的方针政策与本地实际创造性地结合起来。并严格执行党员个人服从组织，少数服从多数，下级组织服从上级组织，全党各个组织和全体党员服从党的全国代表大会和中央委员会这一铁的纪律，确保村“两委”班子在思想上政治上行动上的一致，保证党在农村的各项方针政策的贯彻执行。

（2）加强法律知识的学习。村“两委”干部要认真学习《村民委员会组织法》等有关农村工作的法律法规，提高民主与法制的意识，把民主的作风、精神、方法贯穿到自己各项工作中去，确保集体领导的民主化程度不断提高。

（3）加强现代领导知识的学习。随着农村形势的不断变化和发展，农村干部仅靠以前的领导经验已经难以适应新形势发展的需要，因此需要学习一些新的现代领导知识，只有这样才能提高每个干部的领导水平，从而提高村集体领导的质量。

（二）加强自身建设，增强班子合力

班子自身建设的好坏，直接决定着班子合力的大小，从而决定和影响着村集体领导作用的发挥。而加强班子自身建设需从以下几个方面入手：

（1）开好民主生活会。民主生活会是增强班子团结的重要手段。任何一个干部包括高级领导干部，不论其素质多高，工作能力多强，也不能不出现失误甚至是错误，因此，作为一名村干部，工作中出现一些差错或疏忽是正常的，干部之间出现一些误解甚至是矛盾也是难免的，问题是我们通过什么手段去校正失误和化解矛盾。实践证明，

民主生活会是最有效的手段。但要开好民主生活会，需把握以下几点：一是民主生活会要经常化、制度化；二是民主生活会上要善于批评与自我批评，要把重点放在自我批评上；三是批评是为了改正错误，批评是为了消除误解，化解矛盾，增加团结。

（2）树立平等意识。树立平等意识，需要做好以下几点：一是村支书与村主任要对其他村干部关心、爱护和支持，不能把自己凌驾于一般村干部之上；二是一般村干部要自觉维护村支书和村主任的威信；三是村支书与村主任之间要互相信任、互相支持。

（3）强化沟通，化解矛盾。沟通是化解矛盾的基础和手段，是增强班子团结不可或缺的条件。实践证明，沟通及时到位，干部之间就容易理解并达成共识；否则，就会容易形成误解与矛盾，而且矛盾一旦形成，就极易形成裂痕，从而影响班子团结。因此，我们必须切实做好沟通，并在沟通中注意以下几点：一是要注意经常沟通，把一切潜在的矛盾消除在萌芽状态；二是要学会自我承担责任；三是要善于换位思考，替别人着想。

（三）建立健全制度，提高集体领导的民主化程度

民主化程度越高，越有利于保证集体领导的质量，而民主化程度的提高，又必须以建立健全集体领导制度为前提和基础。

（1）建立干部议事制度。建立干部议事制度主要包括三个方面的内容：一是要制定明确的议事规则与程序；二是要建立健全会期制度；三是要明确规定什么样的事项应由什么样的会议讨论决定。只有切实做到以上三点，干部议事制度才不容易流于形式，集体领导才能够得以实施。

（2）健全民主监督制度。民主监督制度是村干部廉政为民的保证，而且要健全民主监督制度，需要把握好以下几点：一是要建立一套符合村情民情的监督机制，包括民主生活会制度、民主评议党员干部制度、干部互评制度、财务村务公开制度等；二是实现义务监督与有奖监督的统一，充分调动广大村民及干部的监督积极性；三是进行监督制度创新，充分发挥村干部自我监督的作用。

（3）建立健全责任追究制度。责任追究制度是集体领导与个人分

工负责有机结合及其正确实施的保证。目前，一些农村干部之所以出现这样或那样的问题，很大程度上是因为村干部本身具有双重身份，很难对其进行责任追究，这就会造成干了白干，错了也白错的情况。因此，在新的历史条件下，我们必须加强对村干部责任追究的理论研究，逐步建立健全这方面的制度，从而强化对每个干部的约束力。

第八章　农村干部深入调查研究的艺术

深入调查研究是做好农村各项工作的基础。作为农村干部无论是执行上级指示，还是决策、用人、管理和思想政治工作，都离不开调查研究。尤其是我国进入21世纪新阶段以来，农村面临的形势更加复杂，许多新情况、新问题和新矛盾都需要农村干部去认识、去解决。因此调查研究是农村干部的基本功，而要练好这种基本功，就必须学习和掌握一定的方法和艺术。

第一节　调查研究概述

调查研究就是通过一定的途径和形式，对客观事物进行观察和了解，在占有大量翔实材料的基础上，进行科学的分析、加工，找出事物的规律，并以此来指导人们的实践活动。

一、调查研究的重要性

“没有调查就没有发言权”。农村干部虽然处于农村工作的第一线，对农业、农村和农民问题较为了解，但并不能因此就不进行调查研究。恰恰相反，他们正需要经常的、深入细致的调查研究。

（一）调查研究是农村干部正确认识和解决问题的前提

农村情况较为复杂，需要解决的问题也较多。从某种意义上来讲，农村干部的工作，就是了解情况、发现问题和解决问题，而要做到这一点，就必须搞好调查研究。因为一切真知都是从直接经验发源的，要想了解事物，了解真实情况，除了同那个事物接触外，是没有别的办法解决的。毛泽东同志曾指出：“调查研究极为重要。做工作要有三条：一是情况明；二是决心大；三是方法对。”这里，关键是“情况明”。它是后两条的前提。只有情况明，才能决心大，才会有针对性地采取有效措施去解决问题。那种情况不明决心大、胸中无数点子多的，势必盲目、蛮干，犯主观主义的错误。农村干部虽然处在农村工作的第一线，对一些情况有所了解，但是与做到“情况明”的距离尚很远。因为他们处在血缘、地缘和其他一切亲情的包围之中，时时受到诸多因素干扰，一般是难以自发突破纵横交错的“情”网的。很多假象常常将农村干部深深地埋在中央。要想冲出重围，唯一的办法就是深入调查研究。否则，只能是“不识庐山真面目，只缘身在此山中”，其结果将会给自己带来极大的被动。

（二）调查研究是农村干部创造性地执行党的路线、方针、政策的关键

执行党的路线、方针、政策是每个农村干部义不容辞的责任和义务，关键是如何执行的问题。从农村工作的实践来看，当前有两种截然不同的态度和做法：一种是教条主义的态度，对上级的政策和指示，不调查研究，不联系实际，也不问时间、地点、条件和区别、变化，一味“照办”。“本本”和文件上没有的，自己不动脑筋想，上边没讲的，自己不敢讲，而且美其名曰：这是对上级指示“坚信不疑”，“不折不扣地执行”。另一种是马克思主义的正确态度，认为上级的决策是根据实际情况制定的，一般具有普遍的指导意义。特别是党的十一届三中全会以来的路线、方针、政策，更应当认真贯彻执行，不能三心二意，更不能“上有政策，下有对策”。但是，“坚定不移”不是简单地当“传达室”，因为农村的情况比较复杂，各地的情况又

千差万别。对上级的指示，只有从本地实际出发，创造性地贯彻执行，才会产生好的效果。要做到这一点，就必须理论联系实际，做好调查研究，并采取有效措施，因地制宜，把上级指示落到实处。作为农村干部虽对本地情况有所了解，但村情、民情时时都在发生变化。况且农民的社会阅历、经济地位和文化素养的差别较大，每个人对党的路线、方针、政策的理解也是有局限性的。如果农村干部仅靠自己了解的一点情况到群众中去贯彻执行党的路线、方针、政策，其效果是可想而知的。这也是同类型的地方为什么有的执行得好，有的则很差的一个主要原因。

（三）调查研究是农村干部为上级领导或部门提供正确决策的依据和保证

农村干部不仅要认真贯彻执行上级指示，而且担负着为上级决策提供可靠依据的重要任务。农村干部处于农村工作的第一线，与农民群众直接打交道，相互之间存在着这样或那样的关系和联系。他们进行调查研究具有得天独厚的条件，所获取的信息最为真实可靠，可以说既生动具体，又丰富多彩，说服力强。这是上级决策不可缺少的重要资源，也是我们党制定政策的重要信息源。一项正确的决策，往往需要经过决策、实施、反馈、修改、补充这样的过程。经过贯彻、执行之后，究竟符合不符合客观实际、效果如何、有什么成绩、存在什么问题，这些都是上级最希望及时了解的。农村干部可以充分利用自身的优势，通过调查研究，及时捕捉并向上级反馈这些信息，这就为决策的不断完善提供了保证。倘若农村干部不去搞深入细致的调查研究，仅靠想当然而向上级提供情况或信息，那么水分就难免了。如果每个村都这样去做，上级制定的政策就会出现失误，甚至是错误的，其结果受害最大的仍将是农民群众。这样就会形成恶性循环，农村干部的工作就会更难开展。

（四）调查研究是农村干部在新形势下解决新问题、新矛盾的客观要求

随着社会主义市场经济的发展和农村经济体制改革的深化，以

及国际环境对中国农业影响的加深和现代科技在农村的逐步普及，农村将面临诸多新的问题。例如道德的流变、信用的缺失、价值观的扭曲、社会主义信念的动摇、集体主义观念的淡化，凡此等等。所有这些，使得农村干部的工作任务更加艰巨、繁重。能否处理好这些问题，是对新时期农村干部的一种考验。新情况会引发新问题，新问题又会导致新矛盾，而这些新问题、新矛盾的解决办法。在书本上是没有现成答案的，别人的经验或其他地方的模式也不一定适合本地的实际。唯一能较好解决的途径就是农村干部要深入群众，认真地进行调查研究，在学习和研究中寻找办法和措施。正如毛泽东同志指出的那样："你对那个问题不能解决吗？那么，你就去调查那个问题的现状和历史吧！你完完全全调查明白了，你对那个问题就有了解决的办法了。"

二、调查研究的方式特点

农村干部调查研究的特点概括起来有以下三个方面：

（一）调查研究的方式直接

调查研究的途径和方式，可分为直接调查研究和间接调查研究。直接调查研究，即调查者由于直接生活或活动于调查对象之中，与调查对象可直接联系，直接获取第一手材料。如蹲点、开调查会、个别访谈。间接调查研究，即调查者不直接与调查对象接触，而是通过一定的信息系统与调查对象发生联系。间接调查研究所获得的多是经过某种程度处理后的"第二手"或"第三手"的材料。由于农村干部处于社会的最基层，范围小，层次少，离群众近，随时随地都可以同群众联系。这些特点和特殊环境，决定了农村干部的调查研究一般多采用直接的方式进行。这种直接性主要表现在四个方面：第一，调查的对象是直接从事生产第一线的群众；调查的内容多数是直接发生在生产第一线的情况和问题。第二，农村干部直接与群众面谈，听取他们的反映和呼声，直接掌握第一手材料。第三，与群众交谈的方式直截了当，开门见山。因为互相之间比较熟悉，用不着拐弯抹角，试探摸底。第四，可直接解决问题。在许多情况下，都是就地调查，就地研究解决问题。直接调查研究最大的好处是：可以详尽、真实地了解情况，同人民群众直接商讨问题，有利于决策的民主化、科学化，有利于密切干群关系。

（二）目的现实并和领导工作相一致

农村干部的调查研究不像高层那样，通过调查研究作出具有普遍指导意义的决策，并以文件的形式在更大范围内指导和推动全局性工作。农村工作的终点性和具体性，决定了农村干部调查研究的目的现实性，多数调查研究都是为了解决实际工作和生活中的现实问题的。如生产和生活情况的调查研究，社会治安、计划生育以及各种民事纠纷的调查研究等，都是为了解决现实中的实际问题。有些问题就地解决后也就完事了，用不着写材料和发文件。从这种目的现实性中可以看出，农村干部的调查研究在很大程度上同他们的工作具有一致性，并在工作实践中相统一。一是目的一致，都是为了解决现实问题。二是任务一致，农村工作需要调查研究，调查研究又推动了农村工作的开展。许多调查研究的过程，就是进行实际工作的过程。三是时间一致，有许多工作任务和调查任务就在同一时间进行。如乡镇干部在检查工作时，在家庭院户、在市场、在饭桌上都会听到各种各样的反映，获得许多村情、民情方面的信息。

（三）随机性强，调查内容繁多

农村干部调查研究的随机性，主要指不确定性和偶然多变性。这主要与农村工作的复杂多变性有关，在某种程度上与受上级工作的制约有关。例如，有时一个调查任务还未完成，突然又接到一个新的，更紧急的调查任务。或是因情况的变化不需要再继续调查了。有时，几个调查任务需要同时进行。平时，一些情况并不需要专门组织人员进行调查。“下去一把抓，回来再分家”，在搞别的工作时，捎带着就可以把情况调查清楚了。从这种随机性中可以看出，农村干部调查研究的繁杂多变性。但也不是杂乱无章，不可捉摸。繁多的内容大致可有这样几种类型：一是基础性调查研究。即为了掌握本地经济、政治、思想、文化教育等情况所进行的调查研究。二是执行性调查研究。

即上级领导机关直接交办的调查任务，这是农村常见的调查研究。三是对新时期出现的许多新情况、新问题、新典型的调查研究。

农村这种多种多样的调查研究，客观上就要求农村干部学会各种各样的调查研究方法和艺术。

第二节　调查研究的方法与艺术

农村干部与上级领导的调查研究虽有诸多的相似之处，但由于他们所处的社会地位及其所拥有的社会资源的差异较大，因此农村干部的调查研究，无论是从方法或是从艺术上都须与其身份相一致。

一、农村干部的调查方法

调查的方法有很多种，例如：全面调查和非全面调查；经常性调查与即时调查；直接观察法、报告法与采访法；统计报表制度与专门调查（普查、重点调查、典型调查、抽样调查）等。作为农村干部需要较好地掌握一些调查方法，但也并不是样样都得精通。这里着重介绍农村常用的两种方法。

（一）普查法

普查是专门组织的一次性的全面调查。它有两个主要特点：一是一次性调查。主要用来调查属于一定时点上的社会经济现象的总量。二是全面性调查。主要用来全面、系统地掌握村情、村力方面的统计资料。例如人口普查、房屋普查等。普查往往在全村范围内进行，就其优点而言，普查所获取的信息全面准确，有利于农村干部制定本地发展规划或其他事关全局的决策。但是，普查也有自身的局限性，主要表现在以下几个方面：一是时间长。普查一遍耗时较长，一般情况下需要半个月，多的一个月也查不下来。所以普查法在农村经常用到，但不能事事都搞普查。二是投入多。普查无论是从人力、财力还是物力上来说，投入都比其他调查方法要多得多。尤其是在一些经济落后的地区，搞一次普查是相当困难的。三是工作量大。由于每家每户包括每个人情况都不一样，需要统计的数字多，计算、分析量大，加之普查一般都有明确的时效要求，因此时间紧、任务重、工作量大。

普查法在我国农村较常用的是入户调查的形式。我国农村目前是以一家一户为基本生产、生活单位，家庭成员相对固定，而且“家长”对其成员的各自情况比较熟悉。因此，入户调查可以避免对每个人都进行面对面的调查。省时、省力且获得的信息基本无误，或误差很小。所以，入户调查为各地在普查时广泛采用。

入户调查的形式有多种，最常见的有以下三种：一是发调查表的方式；二是询问的方式；三是直接观察的方式。

入户调查的组织原则。入户调查研究必须有一定的组织原则，才能保证普查的预期效果。入户调查的组织原则有以下几个方面：一是同一时间或同一时期原则。二是内容不变原则。调查内容一经确定，不能任意改变或增减，以免影响综合汇总，降低普查质量。三是实事求是原则。

入户调查的程序。为保证入户调查的正确实施，必须有一定的程序。一是设置内容及相关的调查表；二是依据本地实际，抽调相关人员进行分组；三是培训工作人员；四是分组试查；五是检查试查情况，指出有关的问题及解决办法；六是分组实施；七是综合汇总；八是形成普查报告。

（二）典型调查

典型调查就是在调查对象中有意识地选取具有典型意义的或有代表性的单位进行非全面调查。典型调查的主要特点有：一是调查单位少，能深入实际，深入群众，收集详细的第一手资料；二是由于典型单位是有意识选出的，对其进行调查，就能取得代表性较高的资料；三是典型调查机动灵活，可节省人力、物力，提高调查的时效性。典型调查也有一定的局限性：一是获取的是一种近似正确的信息；二是选取典型一旦不准就会使信息失真，影响调查效果。农村典型调查主要有两种形式：一种是从本地选出不同类型的典型进行调查；另一种是从每一类别中选出典型进行调查。

典型调查的方法有三种：一是直接观察法；二是个别访问法；三是开调查会。其中开调查会在农村是最简单易行和比较可靠的方法。

这种调查是讨论式的，即由调查者召集若干了解情况的人，按预定的调查提纲，提出问题展开讨论。把调查过程和研究过程结合起来，从中掌握第一手详细材料，达到调查的预期效果。

二、农村干部的研究方法

（一）定性、定量分析法

（1）定性分析法。所谓定性分析，就是分析事物的性质。在大量的调查材料中，包括了各种各样的事物和现象。对这些事物和现象进行定性分析，从本质上将它们区别开来，这是分析研究的第一步。然后有针对性地制定解决问题的办法。

（2）定量分析法。所谓定量分析，就是分析各种成分的数量及其对比关系。定量分析是对定性分析的深化。因为任何事的质都表现为一定的量。离开了对事物量的研究，就不可能全面、准确地把握事物的总体。

（3）定性与定量分析之间的关系。定性分析和定量分析是相辅相成的。只进行质的分析，不进行量的分析，或只进行量的分析，不进行质的分析，都不能把握事物的本质。因此，在进行定性分析和定量分析时，应把定性分析和定量分析有机地结合起来。以定性分析为基础，以定量分析为补充，在量和质的统一中提示事物的本质和规律，要坚决反对以量限质或持质弃量的错误做法。

（二）动态、静态分析法

（1）动态分析法。动态分析也叫纵向分析，动态分析包含两方面的含义：一是从历史的角度，对事物和现象进行分析，从中发现历史发展线索，考察其历史地位和作用，看其是否符合规律。二是从发展的角度对事物和现象进行分析，以洞察其未来的发现趋势。一个事物、一种现象，是否具有提倡的价值，不仅要考察它的过去和现在，还要考察它的将来，看它是否具有符合必然性的发展趋势。如农村的计划生育问题，我们既要肯定这一工作在过去取得的成绩，又要分析在当前实际工作中存在的缺点和不足，遇到的困难和阻力，更要分析它已经并将继续对广大农村以至于整个国家作出的巨大贡献。从而看到这项工作的巨大生命力，并增强做好计划生育工作的自觉性。

（2）静态分析法。静态分析法也叫横向分析法，静态分析也具有两层含义：一是看它主要受哪些外在事物和条件的影响，是好的影响，还是坏的影响。二是看它对周围事物有何影响，在群众中占何等地位。如对某地能否发展牛羊养殖业进行论证。不仅要分析该地区是否适宜牧草生长，是否能够同步建设奶粉、皮毛加工等项目工程，还要分析这项养殖业的发展前景。只有作了这样的分析研究，才能得出该地区是否可以发展养殖业的结论。

（3）动态与静态分析之间的关系。动态分析和静态分析是相辅相成的，在研究中应将两者有机地结合起来。只进行动态分析，难以得出正确的认识。同样，只进行静态分析，也难以得出正确的认识。只有将两者有机地结合起来，才能作出科学的结论。

三、农村干部调查研究的艺术

农村干部调查研究的艺术，一般是指调查的艺术。因为在研究分析调查材料时更注重科学而不是艺术。所以这里只着重谈调查的艺术。

（一）普查的艺术

普查是讲艺术的。尽管农村干部与农民群众同处一个村落里，天天见面、打交道，但这并不意味着农村干部就可以从农民那里得到真实的和需要的信息资料，究其原因主要有以下几种情况：一是农民不爱露富，由于受不怕别人说穷等传统思想的影响较深，总习惯于随大流；二是农民在摸不清调查的真实目的和确保对自己有益无害的前提下，思想防线非常坚固，为调查设置障碍；三是在调查跟农民自己的眼前利益关系不大时，农民支持和配合的积极性、主动性不高，会人为地浪费调查时间和精力。

普查的艺术主要有以下几个方面：

（1）选择合适的人员。农民群众虽然天天生活在一起，互相之间有着这样或那样的关系，但正是由于祖祖辈辈的相互交往，他们之间也存在这样或那样的摩擦、恩怨。因此在选人分组时，一定要充分考虑这些因素，尽量让工作人员到与其没有矛盾的群众家中搞调查研究。否则，势必会增加群众的抵触情绪，从而给调查研究带来被动。

（2）向群众讲明、讲清情况。农民有思想顾虑是很正常的，需要调查者在调查前向群众说明真实的来意，不要怕麻烦和浪费时间。在以往的农村干部调查中，这方面的问题很突出，农村干部一到农民家就让农民填表，看起来是节省时间，其实适得其反，效果极其不好。在向群众讲明情况时，一定要注意不同的角度和换位思考，切实抓住群众的心理，消除其思想顾虑，在做好这些工作的前提下再正式开始调查。

（3）对群众要礼貌诚恳。中国的农民是最善良和最具有诚意的，作为农村干部在自己的主导思想上不要认为农民不怎么样，那是错误的。我们到农民家中调查是在求助于他们，也不要以为自己是干部，群众就应该听你的。向农民求助帮忙，如果没有一个礼貌诚恳的态度，群众是不欢迎你的，其调查结果也将是不理想的。

（二）典型调查的艺术

典型调查的艺术主要有以下几点：① 如果是为了近似地估算总体的数值，可以在了解总体大略情况的基础上，把总体分成若干类型，从每一类型中按它在总体中所占比例的大小，选出若干典型单位进行调查。② 如果为了解总体的一般数量表现，则可以选中等的典型单位去调查。③ 如果为研究成功的经验和失败的教训，则可以选出先进的典型单位和后进的典型单位，或者选上、中、下各类典型单位进行调查和比较。④ 选取的典型单位既可以是单人的，也可以是整群的，或者先调查整群的，再从整群中选出若干个体进行更加深入细致的调查。⑤ 选取的典型单位可以是临时的也可以是固定的。如果需要进行连续调查以取得系统的调查资料，就可以选取固定的典型单位。如研究某村宗族势力的影响及发展趋势等，则可以选取固定的典型单位进行调查。

第三节　调查研究工作中存在的主要问题与对策

一、农村干部调查研究工作中存在的主要问题

农村干部在调查研究中存在的问题，概括起来主要有以下几个方面：

（一）对调查研究的重要性认识不够

农村干部在调查研究中之所以存在这样或那样的问题，最根本的原因是对调查研究的认识不到位。主要表现在以下四个方面：一是认为调查研究固然重要，但那是上边（高层领导）的事情，只要党的路线、方针、政策已定，我们农村干部的任务就是贯彻执行。执行下去就执行，执行不下去我们也没有什么办法，让我们去搞调查研究没什么作用。二是我们农村干部生在群众中，长在群众中，天天与老百姓打交道，人情地貌什么不清楚，还需要搞什么调查研究，闭着眼睛都知道谁家几口人，谁家的门朝哪儿开。三是现在搞改革开放、发展社会主义市场经济，工作忙，头绪多，哪有时间搞什么调查研究。四是现在是市场经济，不给钱搞什么调查研究，领导们怎么不下来调查研究，尽骗我们"老百姓"。由于认识的不到位，农村干部在调查研究实践中难免会出现这样或那样的问题。

（二）调查研究不够深入

调查研究不够深入是农村干部在工作中存在的突出问题。主要表现在以下几个方面：

（1）实用主义严重。农村干部为完成上级指派的调查研究任务，要么是投上级所好。如一个连温饱尚没有解决的贫困村，在上报工业产值时，为达到领导满意，竟在表格上填写 320 万元的产值。要么是唯本地小利是从。当调查研究可以为本地带来实惠或好处时，农村干部是要借机为村里办点"实事"的。如果是没有用，那就又不一样了。如上级党委、政府为了解某些政策执行情况，想听一听群众反映，于

是印制了许多类型的表格，委托各地干部到群众中搞调查研究，并在规定时间内填好各项表格，上报有关部门。这本来是事关农民利益的大事，但农村干部认为这都是走形式，没有任何用处，于是随手用笔一填就算交差了。

（2）形式主义。农村干部把调查研究看成是负担，在确实没有办法时走走形式算了。主要表现有三个方面：一是矛盾闹大，上级知道了，要求报材料，能应付下来就算完了；二是上级党委、政府要求农村干部每年必须抽出一定的时间搞调查研究，年终要进行检查，迫不得已，到领导可能检查到的群众家里转转、看看、说说就算了；三是对新形势下出现的一些新情况、新问题和新矛盾，不是通过深入细致的调查研究去了解和把握，而是听取个别群众和只言片语，然后就认为是调查了，情况清楚了，其实连表面现象也知道不全，更不要说深层次的原因了。

（3）情感主义。情感主义也是农村干部在调查研究中经常出现的问题。主要表现有以下几个方面：一是带着个人的感情去调查。如村民之间发生了纠纷和矛盾，一方同自己关系很好，另一方与自己关系不好或一般，在处理二者之间的问题时，往往戴着有色眼镜去调查，为关系好的一方寻找说理和调解的证据，其结果是“情感”影响了干群之间的感情；二是带着个人的观点去调查。在调查中只注重与自己观点相一致的材料，不一致的话听不进去，其结果易导致决策的失误，甚至是错误；三是带框框去调查，上级领导事前已定好了框框，自己又不能得罪领导，只好如此调查下去，其结果往往是引起群众不满。

（三）调查研究难以深入

调查研究不深入，除了上面所谈到的以外，还存在着一个难以深入的问题。其表现主要有以下几个方面：一是农村干部在进行调查研究时，难免会遇到这样或那样的阻力。最常的有：不想说真话、不敢说真话和不能说真话三种情况。由于阻力的存在，他们虽然掌握了第一手资料，但不完全准确。二是农村干部自身的文化素质、经济条件和社会阅历，决定了其调查研究的局限性。如先进的调查方法和手段不会用，从调查所得的材料中难以分析加工出带有规律性的东西等。

三是农村干部在调查研究中缺少必要的物质基础，这对调查研究深入开展也是有很大影响的。由于上述三个方面的原因，农村干部的调查研究很多搁浅在表层，难以深入下去。

二、认真搞好调查研究

（一）加强学习，努力提高对调查研究重要性的认识

农村干部对调查研究之所以存在这样或那样的认识问题，说到底还是自身的问题。只有不断加强学习，提高素质，才有可能从根本上解决认识领域内的问题。要加强学习，需要做到以下几点：一是认真学习马列主义、毛泽东思想、邓小平理论和“三个代表”重要思想，深入学习贯彻科学发展观，不断用这些理论武装头脑、切实提高自己的政策素质。不少农村干部认为，这些都是空话、套话，没有什么用。其实，这正说明这些人并没有去认真学习，不知道管不管用，或者是学习了，并没有读懂。因此，没有感到有什么用。如果能真正深入地学下去，持这种观点的人会越来越少。二是强化业务知识的学习，提高农村干部自身的业务能力。农村干部责任大、担子重，需要的业务知识也相当多。如果一个农村干部整天忙于事务性工作，不注重业务知识的学习，那么在农村社会形势快速发展的今天，必然落伍。一个农村干部只有业务能力提高上去了，才会运用现代化的手段和方法去开展工作，才有可能突破调查研究中的各种局限，从而达到好的效果。三是自觉进行实践锻炼，不断提高自己认识问题、分析问题和解决问题的能力。人不是生下来什么都会的，都需要在实践中不断地学习和磨炼。一个农村干部生在农村，长在农村，具有较好的实践平台，只要能做到善于实践和勇于实践，那么其能力的提高是非常快的。一个人不会、不懂，不要怕，怕的是不学习、不锻炼。作为一名农村干部，在瞬息万变的新形势下，面对时时可能会出现的新情况、新问题和新矛盾，只有在实践中不断改造自我，才有可能成为适应时代要求的、新型的农村干部。

（二）农村干部调查研究要有明确的目的、正确的指导思想和科学的态度

农村干部进行调查研究的目的，是为了及时掌握在新形势下农村出现的新情况，以便较好地贯彻执行党的路线、方针和政策。同时为上级领导制定正确的政策提供可靠的依据。所以，在调查研究中，农村干部一定要以马克思主义的世界观和方法论为指导，坚持唯物论的反映论，反对唯心论的先验论；要客观地、发展地、全面地看问题；坚持一切从实际出发和实践第一的观点，反对主观主义、教条主义和经验主义。在调查研究中，还要坚持科学的态度，也就是实事求是的态度。不带框框，不凭主观意愿去写材料。要深入群众，全面听取群众的意见，好听的话要听，不好听的话也要听。对调查所获得的材料。既要尊重事实，一是一，二是二，又要防止就事论事，被表面现象所迷惑。要加以“去粗取精，去伪存真，由此及彼，由表及里”的分析研究，从而获得规律性的认识。

（三）农村干部要正确处理好调查研究与工作的关系

从农村干部调查研究的特点我们可以看出，农村干部处于群众工作最基层，其调查研究与工作具有一致性，二者不但不存在矛盾，而且在调查研究的同时，工作也就做了。那种以为忙没有时间的农村干部是没有真正去搞调查研究的。根据我国广大农村的现实情况。农村干部基本上都是一些日常工作，虽然多见繁杂，但其工作对象的范围是固定的，它不像城市里流动人口，天天都变化。就此而言，一个农村干部只要善于调查研究，那么有好多事情就可以合并解决。既省了时间，也吃透了民情，又增加了与群众的感情，何乐而不为呢？要正确处理调查研究与工作的关系，需要把握好以下几点：一是要纠正调查研究会浪费时间的错误认识，真正树立二者一致且相互促进的思想。二是干什么工作都事先要有个计划，是否需要调查研究。如果需要，则是哪些对象，这些对象当中自己是否接触过，情况怎样等，对这些都要胸中有数。然后根据自己的工作安排，制订一个切实可行的调查研究计划。三是调查研究是为工作服务的，不能为调查研究而调查研

究，或者是为领导而调查研究。调查研究必须围绕工作转。这一点是十分重要的，做不到这一点。就会容易使调查研究走偏。

（四）农村干部要摆正调查研究与经济利益的关系

调查研究是一个农村干部工作的重要组成部分，并不是额外的附加。因此，不应存在给钱就干，不给钱就不干的问题。只要你还是农村干部，还承担着为群众服务这份义务，就有责任把调查研究搞好、搞扎实。但是，搞调查研究有时确实需要一定的物质投入。因此，有条件的地方应该为农村干部提供必要的调查研究经费，以便使调查研究工作能够持续、有效地开展下去。

第九章　农村干部做思想政治工作的艺术

做思想政治工作是农村干部工作的重要组成部分，思想政治工作的好坏，在某种程度上决定或制约着党在农村工作的成败。在新的历史时期，农村工作不断出现新的情况与问题，能否做好新时期农村思想政治工作，并灵活运用思想政治工作的方法与艺术，是农村各级党组织面临的一个重大课题，也是摆在每一个农村干部面前的一项十分重要和紧迫的任务。

第一节　新时期农村思想政治工作的重要性及任务

一、新时期农村思想政治工作的重要性

随着改革开放的深入进行以及社会主义市场经济体制的建立和完善，我国农村发生了巨大而深刻的变化，迫切需要加强和改进农村思想政治工作，并运用各种方式增强思想政治工作的有效性和艺术性，实现农村社会的全面进步和稳定。

（一）思想政治工作是党的路线、方针、政策在农村得以正确贯彻执行的保证

党在农村的一切工作都要靠人去贯彻并最终落实到广大农民群众中去。而人是现实中的人，都是有思想的。在农村，由于农村干部和农民的素质都不是很高，而且是参差不齐，在这种现实条件下，人的思想就很难自觉统一到党的路线、方针、政策上来，必须要借助一定的手段和方式，这就是思想政治工作。所以，思想政治工作是党一切工作的灵魂，是经济工作和其他工作的生命线，只有依靠强有力的思想政治工作，党的路线、方针、政策才能变为广大农民群众的自觉行动，才有可能真正地得到贯彻和落实。

（二）农村思想政治工作是密切党群干群关系的基础

由于农村干群之间存在着千丝万缕的联系，受家庭、宗族及其他因素的影响，加之农村干部对政策的宣传不到位，工作中有疏忽，甚至是由于工作方式方法上存在的不足，于是干群矛盾就很难避免。虽然这些矛盾有时会自生自灭，但在更多的时候，需要靠思想政治工作进行化解。实际工作中，如果思想政治工作跟不上，干群之间矛盾就会由少积多，由小变大，有时还会导致矛盾升级，影响农村工作的开展，甚至会导致一些突发性案件的发生，影响农村的稳定。必须看到，目前在我国农村虽然也存在着因农村干部腐败而引起的干群矛盾，但并不是主要方面，其主要方面还是由于村干部的工作能力、工作水平等引起的，且是因为思想工作不到位而存留的旧有矛盾。因此，要强化农村思想政治工作，着力解决这些矛盾，以防止矛盾的激化。同时，只有做好思想政治工作，农民群众才能真正理解农村干部为群众服务的良苦用心，才会与农村干部同心同德，同舟共济。所以，思想政治工作是密切农村党群干群关系的基础。

（三）农村思想政治工作是提高村级党组织战斗力和重要手段

农村思想政治工作是提高村级党组织战斗力的重要手段，主要表现在以下几个方面：一是只有通过思想政治工作，才能充分调动每一

个党员干部的工作积极性，使村级党组织具有生机和活力；二是只有通过思想政治工作，才能提高广大农民群众的思想觉悟和认识水平，使村级党组织具有一个良好的工作环境；三是只有通过思想政治工作，才能团结群众、组织群众，提高村级党组织的战斗力；四是只有通过思想政治工作，才能加强与群众的沟通和联系，并在沟通中获得群众的理解和支持，从而增强村级党组织的凝聚力和号召力。

目前，在我国部分农村党支部的核心领导作用之所以出现弱化的趋势，在很大程度上是因为思想政治工作做得不够好，这一点早已被农村先进党支部的发展实践所证实。因此，提高村级党组织战斗力，必须强化思想政治工作的地位和作用。

二、农村思想政治工作的任务

农村思想政治工作的主要任务有以下五个方面：

（一）进行党的基本理论教育

邓小平理论、“三个代表”重要思想和科学发展观是我们党在新的历史时期确定路线、方针、政策的理论依据。我们要通过邓小平理论、“三个代表”重要思想和科学发展观以及党的路线、方针、政策的宣传教育，使广大农民群众了解这些理论的主要内容，明确党的社会主义初级阶段的基本纲领和根本任务，从而加深农民群众对现阶段党的路线、方针、政策的理解，提高执行的自觉性，进一步转变思想，更新观念，促进农村改革开放的深入发展。

（二）进行爱国主义、集体主义和社会主义教育

实行联产承包责任制后，农民由集中生产经营转为分散经营，这种经营形式的变化更加突出了进行爱国主义、集体主义和社会主义教育的必然性。要通过教育引导农民正确处理国家、集体和个人之间的关系，倡导和弘扬开拓创新、艰苦奋斗的精神。做到致富不忘国家，不忘社会，鼓励农民爱家乡、爱集体，为发展集体经济和改变家乡面貌作出贡献。

（三）进行社会公德、职业道德和家庭美德的教育

现在农村中一部分人道德观念扭曲，是与非、美与丑、善与恶的界限不清，欺贫爱富、恃强凌弱、掺杂使假、唯利是图等不道德行为屡见不鲜。因此，要在进一步弘扬中华民族传统美德的基础上，强化新时期社会主义道德规范的教育，使广大农民的思想和言行，统一到依法治村和依德治村轨道上来。

（四）进行社会主义市场经济知识教育

广大农民长期在计划经济体制下生产经营，受计划经济的传统观念影响很深，虽然改革开放以来，农民市场经济观念逐渐有所增强，但仍有许多人思想观念陈旧，面对市场经济无所适从。因此，要抓好市场经济知识的宣传教育，提高农民参与市场竞争的能力。

（五）进行社会主义法制教育

市场经济本为法制经济。目前，许多农民还不懂得用法律武器保护自己，更有一些人违法乱纪走上了犯罪道路。因此，要通过法制教育，积极引导广大农民学法守法和依法致富，这一点既是思想政治工作的内在的要求，也是思想政治工作迫在眉睫的紧要任务。

第二节　农村干部做好思想政治工作的艺术

一、农村思想政治工作应遵循的基本原则

农村思想政治工作面对的是千差万别、千变万化的活生生的人。除了应重视它的重要性，还应坚持以下基本原则：

（一）继承和创新相结合的原则

我党历来十分重视思想政治工作，制定了一些正确的指导方针和一套行之有效的基本方式方法，积累了丰富的工作经验，我们应该很好地挖掘、总结、概括和继承，并结合今天农村的实际加以灵活运用。

同时，应当看到，不同的历史时期，我们的总任务不同，思想政治工作的形势和社会环境也发生了变化，与此相应，思想政治教育的指导思想内容和方法也有了新的发展。因此，必须坚持继承与创新并举，既吸取传统教育经验和方法的精华，又抛弃不适合当前形势的做法。并补充新的举措，其根本目的就是要使思想政治教育符合时代发展和农村社会实践的要求，使其达到较好的社会实践效果。

（二）适用性与实践性相结合的原则

讲求适用与实效是农村思想政治工作的出发点和落脚点。要特别反对搞花架子，搞形式主义。必须从客观存在实际出发，对教育决策进行可行性研究，力求做到主观与客观的统一，把近期的促进作用和远期的持续效果结合起来，把简单的说教转化为经常性的、与农业生产和农民生活密切相关、丰富多彩、形式活泼的文体活动，寓教育于娱乐之中，潜移默化，长久持续地影响和教育广大农民，使农村思想政治教育更有针对性、群众性、持久性。

（三）言教与身教相结合的原则

思想政治工作不但要积极传播马列主义、毛泽东思想、邓小平理论、“三个代表”重要思想和科学发展观，宣传党的路线、方针、政策，解决人们的思想问题，还要带头去实践理论，做到言行一致。言教与身教相结合的原则，是我们党的优良传统，它要求思想政治工作者必须严于律己，以身作则，言行一致，处处起模范作用，凡要求别人做到的，自己必须首先带头做到，凡要求群众抵制的，自己必须首先抵制。实践经验证明，身教重于言教，这种“无声”的思想政治工作是最有说服力的，思想政治工作者的模范行为，能赢得人民群众的信任和支持，从而提高人们的思想政治觉悟，焕发一种力量，去为实现当前和长久奋斗目标而努力工作；如果言行不一，或者口是心非，不但会使思想政治工作难以发挥作用，反而会败坏思想政治工作的声誉，损害党的威信。因此，要加强思想政治工作，各级领导干部要带头端正党风，纠正党内的不正之风，带头做有理想、有道德、有文化、有纪律的模范，这既是思想政治工作者必须坚持的一条重要原则，也是思想政治工作成功的法宝。

（四）经常性的普遍教育与个别教育相结合的原则

思想教育应当注重经常性的普遍教育，切勿只抓一时一事、紧紧松松，经常性的普遍教育要面向全体群众，可采取形势任务报告、先进事迹报告、专题理论讲座、党课教育、集中组织学习上级文件等各种形式。经常性的普遍教育要具有系统性、广泛性和适用性，要适合地掌握和运用。特别要注意根据新的形势和任务，组织安排好每个时期的内容，使经常性普遍教育常教常新，富有成效。但是，在重视经常性普遍教育同时，不可忽视个别教育。比如，有的同志思想上出现大的滑坡、有的出现不廉洁行为、有的违反党纪政纪等，对这些同志应帮助提高认识，启发觉悟，认真改正，引以为戒。进行个别教育，必须要有针对性，要在搞清具体情况的问题基础上，做好一人一事的工作。开展个别教育，既要坚持大道理管小道理，又不能隔靴抓痒，对出现的问题包括苗头性、倾向性问题，一定要不留情面，严肃指出，促其思想上受到震动。教育的方法一般采取个别谈话或领导集体谈话，也可结合民主评议党员、民主评议干部、党内组织生活等方式进行帮助教育，对经过帮助教育有明显转变的，要及时给予表扬鼓励，努力化消极因素为积极因素。

（五）疏导和法治相结合的原则

思想政治工作要立足于耐心的疏导教育，不怕麻烦，坚持原则，反复工作。当然疏导教育并不是万能的，如果触犯了党纪国法，那就要实行纪律和法律的处分。党的十五大提出了“依法治国，建设社会主义法治国家方略，思想政治工作也应纳入法制化的轨道。厉行法治也是一种教育形式，与疏导教育相辅相成，纪律和法律处分以后，思想政治教育还要紧紧跟上。在把握疏导和法治相结合的问题上，既要防止脱离教育的单纯惩罚主义，又要防止片面强调说服疏导教育、不实行严格的纪律和法律约束这两种错误倾向，而要把两者很好地结合起来，这是我们做思想政治工作必须坚持的一个重要原则。

二、农村思想政治工作的方法与艺术

在农村，农民的思想政治素质是有差异的，存在的思想问题也是不尽相同。因此，对农民进行思想教育应根据不同层次、不同群体、不同的人，采用不同的方式方法，并要讲究思想工作的艺术性，这样才能取得事半功倍的效果，使思想工作做得更好。

（一）农村思想政治工作的方法

方法问题是与人们的工作和生活密切相关的一个重要问题。思想政治工作的方法，也就是思想政治工作者，为完成思想政治工作任务，实现思想政治工作的目的而采用的各种方式、办法或手段。在当前农村新的形势下，农村干部要走出“老办法不管用，新办法不会用，硬办法不能用，软办法不顶用”的圈子，就必须掌握和灵活运用各种思想政治工作的方式方法。

（1）理论灌输法。就是思想政治工作者通过各种形式的学习活动，把马列主义的真理和党的路线、方针、政策宣传到农民之中，启发广大农民的思想觉悟。实践证明，理论灌输教育是农村思想政治工作不可缺少的形式，它在创造舆论氛围，更新思想观念和提倡先进道德等各个方面发挥着积极的作用。当前，在各种思想文化、社会思潮激烈碰撞和各种实际利益诱惑中，包括部分党员在内的一些人，对社会主义、共产主义的理想信念产生了动摇，甚至成为个人主义、拜金主义、享乐主义的俘虏。针对这些问题必须加强对农村党员干部和全体农民的理想信念教育。要把先进性要求和广泛性要求结合起来，对农村党员干部进行共产主义理想教育，马克思主义世界观、人生观、价值观教育，全心全意为人民服务的宗旨教育和各方面发挥先锋模范作用的教育，对广大群众进行爱国主义、集体主义和社会主义的教育，使广大农村干部把自己的利益与国家民族的利益联系起来，增强主人翁意识，看到自己的责任，看到自己的前途，从而找准自己的位置，把思想和行动凝聚到推进农村改革开放，维护农村社会稳定，发展农村经济，实现共同富裕的目标上来。

（2）启发诱导法。就是思想政治工作者谆谆诱导，帮助农民正确认识事物的工作方法。由于农民的理论水平和思想水平的不同，他们分辨是非的能力也就不同，要使他们能够正确地认识事物，农村干部必须采取各种形式启发诱导他们。例如，采用算账、讲解、问答等方式。运用这种方法的关键是要诱启结合，而且诱启的目的要明确，它讲究的是水到渠成。例如，有的农民对政策看法不够科学，带有片面性，农村干部在做群众思想工作时，可以通过辩证分析和举证，诱导启发农民，提高理解政策的水平。有的农民对形势估计不够全面，带有感情色彩，农村干部可以通过对比分析或逆向推理等方式，进行启发诱导，从而消除群众内心的疑虑和误解，彻底改变自己错误的看法。另外，有的农民性格孤僻，固执己见，可以通过耐心说服或逐步引导等方式启发诱导，进而消除群众内心的疑虑误解，彻底改变自己错误的看法。另外，在对农民进行启发诱导教育时，还应当注意语言的运用，俗话说："良言一句三冬暖，恶语伤人六月寒"。要多用热情、通俗、贴心、富有感情的语言，切忌大话、空话、言之无物，更不能语言粗鲁，甚至恶语伤人。总之，启发诱导既是一个认识提高深化的过程，也是一个情绪说服的过程，村干部要把两者有机地结合起来，才能达到良好的教育效果。

（3）典型示范法。就是思想政治工作者通过树立典型，引导教育农民的工作方法。抓典型，树榜样，发挥先进典型包括先进集体和先进个人，他们的进步思想、优秀品质和模范事迹，展现着社会主义的时代风貌，代表着事物发展的正确方向。农村干部要善于发现典型，并注重实事求是地宣传典型，典型应由群众推选，要有群众基础，具有真实性，力戒浮夸、护短、拔高，要把典型放在一个适当的位置。与此同时，农村干部还要教育人们正确对待典型，教育农民虚心向先进人物和先进集体学习，逐步形成一个热爱先进、支持先进、尊重先进、争当先进、赶超先进的良好风气，坚决遏制讽刺打击先进典型的不良风气。

（4）"抓两头，带中间"的方法。就是抓住好与差两头，使处于中间的人，以差的、落后的为借鉴，以好的、先进的为榜样，使工作赶上去。农村干部在运用"抓两头，带中间"这一方法时，需要注意以下几点：首先，要抓先进这头。使先进向高水平发展；带动中间和后进赶上来。就目前农村工作来说，农村干部如果抓不住这头，整个工作就很难提高水平，农民群众中的先进是农村干部所要依靠的骨干，农村干部只有善于发现和注意培养一批这样的骨干，通过他们团结处于中间状态的多数农民群众，带动少数落后群众，才能保证工作任务的完成。其次，要抓住后进这头。在农村落后层是农村干部工作的主要障碍所在，尤其是那些比较落后而能量又比较大的人，其不良影响更不容忽视。所以，农村干部要特别重视后进层的工作。再次，农村干部在着重抓好两头的同时，也不能忽视中间层向先进层转化的工作。忽略了中间层这个大多数，实际上是丢掉了一个“大头”，会给整个工作带来损失。

（5）重点突破的方法。就是集中主要力量，解决在全局中最重要最具有决定性的问题或矛盾，以此来带动其他问题或矛盾的解决。在农村进行思想教育过程中，重点突破的方法既实用又省力，但关键是要选好重点。重点突破法的“重点”，主要包括一些热点、难点问题，但特殊情况下也会有例外的，诸如邻里纠纷，事情虽然不大，但解决不好会引起突发性的事件，这也要引起农村干部重视。因此，运用重点突破的方法，需要村干部在认真调查研究的基础上，选准重点，然后集中力量突破。但“突破”一般不要强行突破，而是要靠思想政治工作的艺术，灵活掌握，灵活运用。不要这项工作做完了，却又为另一项工作留下隐患，这样就难以达到重点突破的目的。

除了以上五种方式方法外，还有诸如抓关键环节、“解剖麻雀”、“中西药结合”等多种方法，需要我们农村干部在自己的实践中学习并总结。

（二）农村思想政治工作的艺术

思想政治工作既是一门科学，又是一门艺术。要做好农村思想政治工作，不仅要遵循它的客观规律，掌握科学的理论和方法，而且还必须讲究机智、巧妙、灵活并富于创造性的工作艺术。这样，才能获得最佳的思想政治工作的效果和效益。农村思想政治工作的艺术主要有以下几种：

（1）寓教于乐。农村思想政治工作要坚持“寓教”的方法，做到寓教于乐，寓教于文，寓教于各种健康有益的活动之中。农村干部在做农民的思想工作时，要采用灵活多样的方式方法。例如，在教育方面，可建立农民夜校、农民科技学校、婚姻计生学校等；在文化娱乐方面，可建立图书馆、文化广播室、电影放映室等；在宣传方面，可以书籍报刊、黑板报、宣传栏、阅报栏等为主体；在社会舆论阵地方面，可以党员议事会，村民议事会、道德评议组、红白喜事理事会、村风民风监督组为主。依托这些阵地，使农民在寓教于乐，寓教于管理等各种活动中充实生活，陶冶情操，提高素质，把思想政治工作辐射到每个家庭，融入民心，让农民切实感受到社会主义新农村的优越性，坚信党的领导，坚信社会主义。

（2）思想政治教育与解决农民的实际困难相结合。在新的形势下，要想使思想政治工作取得实效，还必须善于把思想政治教育与解决农民的实际困难结合起来。因为思想与实际问题本身具有内在的联系。农村工作难做，其实是有深刻的历史背景的，各种矛盾、意见的背后，都有与农民实际问题的解决有关系。如果我们不注重从实际出发，帮助农民排忧解难，思想政治工作就会脱离农民群众，就会成为空中楼阁，就不能获得广大群众的理解、信任和支持。所以，思想教育与实际问题的解决必须有机地统一起来，而农村干部要做到二者的统一，就必须做好以下几点：一是深入实际，注重调查研究。要了解群众都有什么实际困难，只有了解了群众的实际困难，才能有的放矢地开展工作；二是着重解决群众中的一些实际困难。特别是要解决群众中反映比较多、影响比较大的困难，以此作为突破口带动整个工作的开展；三是对于那些由于受多种条件的限制，一时无法解决的实际困难，要向群众解释清楚，以获得群众的理解和谅解。总之，农村干部在进行思想教育时，必须从解决农民的实际问题入手，倾听群众的呼声，关心群众的疾苦，真心实意地为农民群众办实事，使思想政治工作更具有说服力和凝聚力。

（3）以情感人。讲究情感艺术，以情感人，是提高新时期农村思想政治工作实践的有效方法之一。情感是思想政治工作的基础和先导，是思想政治工作成败和关键因素。人的行为是受理智、感情双重支配的。思想政治工作的过程既是思想交流的过程，也是情感交流的过程，在思想政治工作中如果只重视前者而忽视后者，就会导致片面性、简单化。因此，农村干部在做思想工作中，必须重视情感因素，要以情感人，与农民建立良好的感情联系，从感情上与其结合，达成共识。情从何来，这是每一个农村干部必须面对的问题，我们认为作为一名农村干部，要处处关心农民，心里想着农民，为农民服务；同时，在做工作时还要会说、会讲，用你的言语和行动说服农民群众；最后还必须勤跑跑、多转转、老百姓家里去看看，是缺米、是缺面、是缺水、是缺电或是对干部工作有意见。只有这样才能与群众建立良好的感情。有了感情还要会用。一般而言，在处理农民的问题时，首先，要做到换位思考，要站在群众的立场和角度去思考问题，处理问题。其次，要切实了解和掌握群众的所思所想，真正说到群众的动心处。最后，要真正做到客观公正。只有这样老百姓才会信服，才能够用真情打动群众，获得农民群众的理解、谅解和支持，思想政治工作才会具有感染力、渗透力和实效性。

（4）因人施教。农村思想政治工作中的因人施教艺术，是指思想教育要注意层次，区分对象，对症下药，做到量体裁衣，一把钥匙开一把锁。我们知道，一个人的思想是由诸多因素形成的，是各种矛盾的综合体。而且人与人之间的思想行为也是千差万别的。世界上没有包医百病的灵丹妙药，做人的思想工作更是如此。这就要求农村干部必须从每一个教育对象的实际情况出发，既要了解农民是怎么想的、怎么做的，还要摸清他们的兴趣爱好和个性脾气，即摸清每一个教育对象的思想状态、个性特点和实际表现，做到情况不同、处理方法不同，甚至是同病异方，各臻其妙。同时，还要注重对象的层次性，贯彻分层施教的原则。对农民要加强遵纪守法教育和爱党、爱国、爱集体教育，引导他们树立正确的世界观、人生观和价值观，自觉遵纪守法，移风易俗，成为“四有”新农民。对个体户和私营企业主，要向他们宣传党的私营经济政策，重点进行致富不忘集体、诚实守信、合法经营等教育，不断提高他们的道德素质和科学文化水平，推动个体私营经济快速发展，为建设社会主义物质文明和精神文明服务。

第三节　农村思想政治工作中存在的主要问题及对策

一、农村思想政治工作中存在的主要问题

党的十一届三中全会以来，党中央高度重视思想政治工作，在实践中从根本上改变了过去“一手硬、一手软”的状况，思想政治工作在新形势下得到了加强和改进，取得了可喜的成绩。但是，由于思想政治工作受各方面因素的制约，加之农村复杂的工作实际，使得农村的思想政治工作仍然存在着以下几个方面的主要问题：

（一）农村干部对思想政治工作认识不到位

农村干部处在领导层的最低处，既要忙于应对上级的一切工作安排，又在将这些安排一一落到实处，他们面对的是具体的人和事，靠发发文件、开开会议或者打打电话是不可能从根本上解决问题的。因此，“忙”成了农村干部共性所在。于是，思想政治工作“说起来重要，干起来次要，忙起来不要”的现象在农村大量存在。从一定程度上讲，农村干部抓思想政治工作并不是出于主观上自觉，而往往是发生问题后不得已而为之。有的则是为应付上级部门或领导的检查，搞短期出击，做表面文章。正如基层群众所言，是“纸上画画，墙上挂挂”。甚至，一些农村干部根本不提思想政治工作，一切靠想当然而为之，加剧了干群矛盾。农村干部忙且辛苦这是不争的事实，但背后深层次的原因是什么，有人说，乡村干部都是为了自己的政绩，为了给自己捞取更多的好处。其实这种看法是极不正确的，是有极大的片面性的。可以肯定地说，乡村干部基本上是尽职尽责的，不少干部为党和人民的事业奉献了自己毕生精力，他们中绝大部分干部是好的，是值得信任和依靠的。但问题出在了他们对思想政治工作的特殊地位和作用认识不够，没有充分发挥思想政治工作的优势作用，于是本不应该忙的事情却把他们忙得不亦乐乎。人们常说，“思想工作做到家，一切工作都好抓”，农村很多问题都是因为群众不理解才导致矛盾激

化的。所以，思想政治工作的地位和作用不能被正确地加以认识，将极大地制约着农村工作的开展。

（二）农村干部思想政治工作的方式方法较为落后

农村思想政治工作具有较强的艺术性和丰富的内涵，并随社会的发展而不断发展。当前，由于我们农村干部难以摆脱繁杂事务的缠绕，没有时间或者很少有时间静下心来认真学习一些新的理论，研究一些新的问题，经常陷入就事论事之中。苦口婆心的宣传虽然花去了相当可观的时间与精力，但其收效甚微，于是有人便得出了思想政治工作不管用的错误结论。其实并不是思想政治工作不管用，而是在于“老办法不管用，新办法不会用”。虽然我们不能说一些地方出现了问题都是因为思想政治工作没有做好，但我们可以断言，凡是被评为先进的地方，其思想政治工作都是有声有色的。现代社会发展日新月异，我们思想政治工作的方式方法理应随之不断地加以更新，关键是当前我们许多农村干部没有能很好地做到这一点，使思想政治工作缺乏创新与时代特色，缺乏更为有效的载体和手段。

（三）农村干部做思想政治工作的针对性不强

针对性是做好思想政治工作的关键所在，但是，目前许多农村的思想政治工作只停留在表面上做文章或是应付上级的检查，没有在那扎扎实实地搞，至于针对性那就更谈不上。究其原因主要有三：一是有些村干部不重视思想政治工作，没有把思想政治工作当成一件大事来抓。许多情况下是“有事说说，没事散伙”，即使在“有事说说”的状态下，也只是口头上的几句话，“听就听，不听就算了”，而这口头上的几句老话，老百姓早就听厌了，没有什么新意，也就起不到任何作用。二是对思想政治工作缺乏预见性和科学性。当前，许多农村干部在做思想工作时，只是应付已经出现过的或正在发生的事情，而对于当前或以后可能发生的问题却很少考虑，就谈不上认真研究了。而一旦问题发生了，就慌了手脚，忙于应付，以“捂住盖住不出乱子”为根本，缺乏针对性和预见性，这就更谈不上科学性了。三是有的干部受个人的工作能力和水平的限制，在处理群众纠纷时会出现一些偏差。由于农村干部担任着一定的职务，老百姓有事要先找他们，所以在许多事情上，干部认为是受人之托，是被动地去处理问题，并没有把做群众的思想工作当成自己分内的事情。所以，有时也因情况的复杂性，无法“一碗水”端平，理向一边倒，另一边当然不服气，也使群众对农村干部产生了误解。

二、新形势下做好农村思想政治工作的对策

（一）树立农村正气，为积极开展思想政治工作提供良好的环境氛围

农村风气的好坏与农村思想政治工作关系密切。实践证明，风气正的地方思想政治工作就比较好做；反之就难以开展下去。同样道理，思想政治工作做得好的地方，其风气就比较正；反之则亦然。因此，在农民群众中倡导树立良好的正气，消除歪风邪气，对开展农村思想政治工作起着至关重要的作用。要树立农村正气，必须做到以下四个方面：一是要在农村切实推进“道德进万家”活动，努力营造“你富我学，你穷我帮”的良好氛围。二是弘扬当老实人、干老实事和一心为公的良好风气。要让老实人和一心为公的人无论在什么情况下，都不能吃亏和受委屈，让那些好吃懒做、嫉贤妒能、品德败坏的丑恶行为得不到任何好处。要在农村形成良好的社会风气，以此来规范广大农民的行为。三是既要树立先进典型，又要注重保护先进典型。要形成人人学先进和人人争当先进的良好态势。四是严厉打击违法乱纪、煽动群众滋事的不法分子，确保农村大局的稳定。

（二）提高农村干部素质，增强思想政治工作的艺术性

干部的素质问题对于农村思想政治工作能否顺利地进行下去，起着决定性的作用。如何提高农村干部的素质，关键要把握以下三个方面：一是农村干部要在学习中提高。学习是提高农村干部素质最直接、最有效的方法之一。农村干部一定要克服自己工作忙、水平低等方面的困难，抽出时间坚持学习。既要学习马列主义理论知识，也要学习一些有关农村经济发展和农业科学技术等方面的知识，进一步提高自

己，充实自己，增强理论水平；二是在实践中提高。实践出真知，农村干部身处基层工作第一线，具有良好的实践条件。因此，我们的农村干部要在实践中认真学习，把自己学到的理论知识和工作实践结合起来，不断地提高做思想政治工作的艺术性，从而不断地完善自我、发展自我，为农村的经济发展和科技进步更好地工作；三是加强党性锻炼修养。农村干部每天都要和广大农民群众进行接触，他们是党的形象的具体体现，因此，需要加强党性锻炼修养。要做到这一点，就必须时刻牢记科学发展观的要求，不断提高思想政治修养。

（三）增强预见性，提高针对性，是做好思想政治工作的关键

农村思想政治工作只有增强预见性，才能获得事半功倍的效果，而要达到这个目的，必须切实做好以下几点：一是要认真研究农村工作和农民心理发展的规律，使思想政治工作更具有主动性，增强其预见性；二是要有较强的政治敏锐性。对国内外发生的重大事件要进行了解和关注，对可能造成的思想影响要有预见性，及时加以分析，并采取可行的方式方法对农民群众进行教育与引导。农村工作虽然牵涉面十分广泛，但思想政治工作切忌面面俱到，要抓住本质和关键，提高思想政治工作的针对性，一段时间内要有一两项中心工作，抓好这些工作以此带动其他工作的全面开展。同时，还要进行调查研究，深入群众、了解群众、掌握群众，对群众的所虑、所难、所需，做到心中有数，发现问题能及时解决，并针对不同的人、不同的事，采用不同的方式方法，要对症下药，严禁“一刀切”，从而更进一步提高思想政治工作的针对性和艺术性。

（四）发展经济，领民致富，增强思想政治工作的说服力和感召力

摆脱贫穷，走向富裕，是当今我国农民最大的愿望和需要，带领群众脱贫致富奔小康，是现阶段党在农村的根本任务，是党为人民服务的宗旨在新形势下的集中体现。只有千方百计地增加农民收入，给农民带来看得见、摸得着的物质利益，思想政治工作才有说服力和感召力。一是要积极发展农村集体经济。集体经济是增强基层组织战斗

力和凝聚力的物质基础，是对农民进行社会主义和集体主义教育的最好的教材。集体经济发展了，村干部抓工作才有号召力，办好事才有实力，搞服务才有财力。二是要引导群众走能发挥本地和自身优势之路，走科技致富之路，要把农民的思想和经历引导到发家致富上，使一些旧有的矛盾在大力发展经济的过程中逐渐弱化，并最终化解于思想政治工作之中。常言道，富一方经济，才能唤起一方人，赢得一方心。因此，农村干部必须把发展本地经济与做好思想政治工作有机地融合于一体。

第四节　做思想政治工作的领导艺术案例评析

一、案例：抗洪前线张连长动员杨老汉撤离

1998 年夏天的松花江汪洋恣肆，巨大的浪头拍打着两岸的每一处堤坝。解放军某部八连张连长正和一名村干部带着几名战士向不肯撤离的杨老汉家跑去。趟着没膝的洪水一跨进屋门，张连长就敬了一个标准的军礼，说：“大爷大娘，水马上就涨起来了，请跟我们走!”可杨老汉从容地说：“谢谢你们，我们不走了。”张连长忙说：“大爷，这水大得很，再涨起来就什么都冲走了。”“什么都冲走了，我拿什么活呀，就更不用走了。”杨老汉不紧不慢地说。张连长一挥手，几个战士跟进来：“大爷，我们把值钱的东西都给您搬走!”杨老汉摇了摇头，“搬走？我这百年老屋你搬得走，还是我在这儿过的日子你搬得走？”

一旁的村干部看着渐渐上涨的水势不由地急了：“你这老头儿，都什么节骨眼儿了，还耍倔脾气!”说着就要去拉老人。“滚远点!”杨老汉突然大喝一声，“我这辈子算完了，水来了，我一辈子的基业都没了，想和老太婆死到一块儿都不行？”看张连长等人一脸难色，老人叹了口气说：“孩子，我知道你们是好心，可大爷大娘不想走了，我们想安安静静地去，你们这样叫我们心上不安哪!”一番话说得杨老太抹起了眼泪。

大洪水将至，又不便强行解决问题，张连长心急如焚。四处张望

时，他忽然发现：从进屋起，老两口的手就握在一起，始终都没有分开——只有利用这偶然地发现了，再不管用就必须强行解救。张连长索性从水里捞起一只凳子坐下来。“大爷，从前的日子没有现在好吧？”“那当然。”“这得感谢谁啊？”“感谢共产党呗!”“大爷，咱邻村前年也遭灾了，后来不是也挺好吗？这说明政府的灾后安置还是不错的。”“不错是不错，可今年不是又淹一回？我老了，不想遭那个罪了。大水就来了，你们快走吧。”

“大爷大娘，您二老从前没少遭罪，这两年日子好了，您说感谢党，那咱就该相信党啊！江主席刚说过要全力以赴保证救灾物资的发放和灾后的安置，朱总理又说像咱们这样的低洼地区要迁移，以后就永远都不用担心发大水了。别人的话咱可以不信，他们的话咱能不信吗？”看老两口相对沉吟，张连长赶快趁热打铁：“大爷大娘，我知道你们这么做都是为老伴儿少遭罪，可要是天不遂人愿，让您二老留下一个，这孤苦伶仃的可怎么活啊!人虽老了，可这以后的日子还长着呢!咱不但要活着，还能活得比现在更好!跟我们走吧，我保证让您二老生生死死在一块儿！”说完，他立起身，又敬了一个军礼。这回，老人不但顺从地伏在了战士的背上，还扔出了用以“自卫”的刀子、剪子。回想这个只有十几分钟的过程，张连长也不由地后怕：要是自己一时莽撞，强行解救，后果将不堪设想。

张连长在劝说杨老汉的对话中没有咄咄逼人、针锋相对、盛气凌人的气势，却暗藏着朴实的高超的语言技巧。他之所以能取得劝说的成功在于以下三个因素：

（1）沉着冷静，临危不乱。在执拗倔犟，抱定一死了之的老夫妻面前，张连长能做到镇定自若，实在是劝说取胜的必要前提。如果仅想到情势危急，自己先乱了阵脚，就无法用清晰的逻辑和真挚的话语打动人心。

（2）多方进击，动以情义。张连长善于剖析洪水面前群众的心理，从财产、生命、亲情、善后等多个方面积极寻求切入点，有利于缓解疑虑、确立信心。娓娓的劝诱、庄严的军礼和将自己置身于与对方一样危险的情境中，都易于使对方放松警惕，进而攻破其心理防线。

（3）抓住关键，攻其弱势。张连长从老夫妻的“握手”中发现了他们深挚的情感，确认他们是出于绝望才作如此选择。于是果断地以此为支点，采取循循善诱的手段，用他们信任的党和国家领导人的“善后”、“搬迁”等语，树立了他们哪怕是相濡以沫也要活下去的信心，从而达到了解救目的，化解了彼此间的矛盾冲突。

二、案例评析

（一）案例蕴涵的道理

任何问题的胜利解决都有它的突破点，或者叫支点。张连长从杨老汉老两口子的手“从一进屋就握在一起，始终没有松开和分开，”这一细节找到了这个支点，进而进行充分利用，循循善诱，用两位老人对党和国家领导人的信任，过上好日子以后从内心对共产党的感谢，用以往遭灾后党和政府的灾后救援、安置的先例，江总书记要求的要全力以赴保证救灾物资的发放和灾后安置，朱镕基总理提出的低洼地区搬迁等现实事例，初步打消了杨老汉人老了，不想再遭罪了的弱点。也就是说不但这次灾害在党和政府帮助下一定可以顺利度过，而且通过低洼地区搬迁今后再不会遭这个罪了。进一步利用两位老人之间的感情，假如天不遂人愿，让您二老留下一个，孤苦伶仃可怎么活啊!彻底找到了杨老汉的心病，不但顺从地伏在了战士的背上，而且还扔出了用以自卫的刀子、剪子……问题得到了圆满解决。

（二）农村干部领导工作中存在的错误倾向

类似张连长遇到的情况，对于我们一些农村领导干部是不难遇到的。但我们有些农村干部并没有像张连长那样处理问题。一是态度简单粗暴，认为只要是正确的决策，群众一定会理解，只要是好意的行动，群众一定会支持，因此在决策实施过程中行政命令，理解的执行，不理解的也要执行。二是危急情势下不冷静，不管三七二十一，脱离危险境地再说，不愿做耐心细致的思想动员工作，极易造成难堪被动的局面，使本来就陷入僵局的矛盾激化。三是遇难思退，绕道而行，认为个别人自己不愿意撤离时，劝说无效，由他去吧，名曰：责任尽到了。不说自己方法不对头，先埋怨群众思想觉悟低，不配合，或者轻易断定一些不配合行动的群众是怪人、不正常的人、带着花岗岩脑袋去见上帝的人，结果可想而知。

（三）通过案例应该吸取的经验教训

张连长智救杨老汉老两口，给我们的启示是深刻的，一名从事部队最基层工作的连长，在那样危急的情况下能有那样的高招出手，确实令人敬佩。作为领导干部，张连长在解救杨老汉的过程中体现出来的成功经验是应认真吸取的，具体讲起码有以下四点：① 认真体察僵局对方的心理特点，心理活动，找出工作的突破点。② 以突破点为支点，采取对症下药的办法追求工作的实效，特别是突发状态下的速效。③ 发现效果时趁热打铁，进行进一步引导，巩固和扩大战果。④ 日常工作中抓紧心理学方面的学习积累，心理科学知识的深入学习，使应付各种不同的复杂情况。

（四）案例启迪

作为农村领导干部，在工作中碰上群众思想不通和抵触情绪较激烈的情况，认真细致的思想动员是重要的，但必须以不贻误时机为前提，要防止只顾一点不及其余的偏差。在危急情况下，尽快摸准群众情绪激动的症结，对症下药是必要的，但要求一下子治愈所有人的病是不现实的，要避免平均使用力量，不抓主要矛盾和矛盾的主要方面；我们反对农村领导干部在群众面前摆官架子，是说农村干部应站在普通老百姓的立场上想问题，定政策，不等于说农村干部就一定要处处以普通老百姓的身份出现，尤以在危难当头，作为农村领导干部一定要站在最前头。不但实干，而且要会指挥，要体现出自己的高素质。理直又何必气壮？

第十章　农村干部协调人际关系的艺术

人际关系是农村干部在进行领导活动中所无法回避的一个重要问题，在一定程度上讲，人际关系的优劣直接决定着领导工作的成败。因此，学习掌握和灵活运用科学的领导方法，不断提高领导者处理人际关系的能力是改进领导工作、提高领导水平的重要内容。

第一节　农村干部协调人际关系的重要性及内容

一、人际关系的含义

作为生活在农村社会中的一员，无论是一位普通的群众，还是农村社会的精英，都会与他人发生这样或那样的关系，这种关系的总和就构成人际关系。所谓人际关系就是个体的人与人之间相互作用、相互影响的一种状态。人际关系的定义，主要包括三层含义：第一，作为人际关系主体的人，是社会的人，而非生物意义上的人，即人际关系是社会关系的一种。社会关系的性质、水平和特点，决定人际关系的性质、水平和特点。有什么性质、水平和特点的社会关系，就会衍生出什么性质、水平和特点的人际关系。因而不能脱离现实社会关系，孤立、抽象地研究人际关系。第二，人际关系是作为个体的人与人之间的关系，因而个体的人的思想、情感、职业、需要、动机等将会对人际关系产生重要影响。第三，人际关系是个体的人在谋求生存、享受和发展过程中形成的，其内容非常复杂而丰富，既包括思想、情感的主观抽象的内容，也包括权利、义务等客观存在的内容。作为一个农村干部也必然处在被人际关系所包围的环境中，如果能够恰当地处理好各种人际关系，将有利于其更好地开展工作，反之，将不利于其很好地开展工作。

二、农村干部协调人际关系的重要性

作为社会一员的普通人，需要协调好各种人际关系，因为其所处的领导地位，手中握有一定的权力，承担更重的任务，因而具有更大的社会影响力，更应该注意协调处理好各种人际关系。如果一名农村干部能够较好地协调处理好人际关系，将非常有利于其更好地开展各项工作。因而正确协调各种人际关系，对农村干部具有十分重要的意义。

（一）善于协调人际关系，是农村干部干好工作的基础

农村干部在农村社会中处于一种特殊的地位，面对的人员众多，事务也极其繁杂，工作中难免出现这样或那样的问题，加之上下左右各方面的人员由于受文化、阅历、地位、政策水平等方面因素的影响，人们的认知水平也不可能完全一致，这就更进一步使问题复杂化。面对这样的环境，作为农村干部，必须具有协调人际关系的能力。只有具备协调人际关系的能力，才能正确地处理好各种矛盾和问题，协调好上下左右各方面的关系，与广大干部和农民群众建立起良好的感情，就能够干好工作。否则，问题会越积越多，矛盾会越来越大，直至影响工作的正常开展。作为农村干部，首先，要对人际关系有一个正确的认识。应当看到，复杂的人际关系是一个不能回避的重要的现实问题，唯有积极地去认识它、解决它，才是正确的态度。其次，要加强学习，练好基本功。人际关系是一个十分复杂的问题，因而处理人际关系的工作难度很大，不仅要求农村干部有较高的政策水平，而且要求农村干部能够根据人的个性特点，根据各种群体的行为规律，实事

求是地正确处理人们之间发生的矛盾。处理人际关系是一项需要一定知识和相当技巧的工作。我们要努力学习，认真研究，不断总结经验教训，吸取古今中外人际交往实践中提炼出来的精华，在马列主义、毛泽东思想、邓小平理论、“三个代表”重要思想和科学发展观的指导下，积极探索符合农村实际的处理人际关系的方法和艺术。

（二）善于协调人际关系，是形成班子合力的关键

任何一个农村干部的领导活动都要围绕一定的工作目标展开，具有很强的目的性。但完成相应的工作任务，仅靠农村干部个人的努力是不够的，需要充分调动所有人的积极性，通过共同努力来实现，这是领导作用的具体体现。从这种意义上来说，农村干部妥善处理各种人际关系，协调好各种矛盾和利益冲突，营造团结协作、干事创业的良好人际环境，就显得十分必要。因为，在农村干部领导活动中，由于分工不同，人员之间的思想、性格不同，如果相互之间又缺乏沟通，就不可避免地产生各种摩擦和矛盾，影响目标的实现。这就需要农村干部运用协调的手段加以调节，减少领导活动中的各种摩擦，调动各方面的积极性，从而提高领导工作的绩效。实践证明，有效地协调可以使领导活动的各相关人员之间互相团结、齐心协力，可以免除工作中的扯皮和重复，减少冲突和摩擦，从而减少人力、物力、财力、时间上的浪费，达到提高效率、实现目标的目的。

（三）善于协调人际关系，是充分调动广大农民群众的积极性、主动性、创造性的一个重要保证

农村各项工作的开展，离不开广大农民群众的积极参与，只有调动广大农民群众的积极性、主动性和创造性，农村的各项工作才能正常进行，农村的各项事业才能发展。而广大农民群众也是有血有肉、有思想感情的人，他们也有自己的利益需求，但在现实条件下，农民群众的各种需求不可能得到充分满足，从而有可能引发各种矛盾和问题，有的甚至导致一些矛盾和纠纷的升级，直接影响农村的稳定和农村社会的发展。作为一名农村干部，只有善于协调各种人际关系，才能有效地化解矛盾和纠纷，消除人们思想上、认识上存在的问题，使

得农民群众的需求更加理性化，使得广大农民群众心情舒畅，精神焕发，从而以百倍的精力投身到农村的各项事业中去。相反，如果农村干部在人际关系上协调不力，各种矛盾和纠纷就会越积越多，甚至升级，广大农民群众的积极性、主动性和创造性就会受到影响，也就谈不上发挥每个农民的积极性了，农村干部的工作就会陷入被动。

三、农村干部协调人际关系的内容

农村干部协调人际关系，是以农村干部领导活动中涉及的人际关系为对象和内容的协调。农村干部是农村各项工作的中心人物，以他为中心同各个方面包括上下级、同级等发生的人际关系，成为农村干部协调的重要内容。

（一）协调与上级之间的关系

这是通过各种形式和渠道沟通与上级党委、政府领导者之间的关系，从而得到上级的理解和支持，上下密切配合，共同努力，顺利地实现领导目标。

（二）协调与同级之间的关系

这是一种横向关系的协调，即通过综合性的情况沟通和意见交换，使农村党支部和村委会的领导成员之间建立起相互理解、支持、协作、配合的关系。

（三）协调与农民群众之间的关系

这是指农村干部通过深入细致的工作，经常与农民群众沟通情况、交换意见，及时了解农民群众对干部的意见，主动调适自己与群众的关系，形成上下之间理解信任、相互支持、和睦融洽、密切配合的气氛。

第二节　农村干部协调人际关系的艺术

农村干部协调人际关系，是指农村干部在领导活动中对涉及的各种关系进行协调的活动过程。

一、协调与上级之间关系的艺术

（一）找准自己的角色和位置，到位而不越位

正确认识和评价自我，找准自己的角色和位置，是农村干部处理好与上级关系的前提条件。在社会关系中，每个人总是处于某一特定的位置，这就要求人们的行为必须与这种位置相吻合，才能与其他社会角色的关系处于常态，保持相对的和谐。农村干部在同上级相处的时候，扮演的是下级的角色，这就要求我们必须按照自己的身份，把握好自己的位置，既要尽心尽责地做好本职工作，又要做到出力而不“越位”。“越位”往往会对工作、对上下级关系带来严重危害。因此，作为一个农村干部，一定不能超越自己的权限，擅自越位表态、越位决策、越位干不该属于自己干的工作，颠倒主次，喧宾夺主，显露自己，那样不仅会危害与上级的关系，而且会在其他同志中造成不良的影响。

（二）尊重服从上级，但不盲从

一般来讲，上级党委、政府领导都是由一定的组织民主选举产生或委派的，在其分工负责的范围内所作的各项决定，都是代表上级组织，而不是代表其个人，所以，我们对待上级领导首先应该尊重。作为下级应该懂得尊重领导者，不仅是对领导者个人的尊敬，而且是顾全大局、支持工作的表现。特别是在正式的、严肃的工作场合，要讲究礼节，维护上级的威信。但是这种尊重不是恭维，不是畏首畏尾、低三下四，更不能奴颜婢膝地讨好领导。过分的恭维不仅得不到上级的好感，反而会降低自己的人格和威信。

尊重上级最主要表现就是支持和服从。每个上级领导都希望下属服从自己领导，这种领导心理是正常的。因为下属人员服从上级领导，是领导者实现领导的基本条件，是维护上下级关系的基本组织原则。但是，这种服从不是毫无条件地服从，一味地唯上媚上。如果下级一味地附和上级，就成了盲从，必然给工作带来损失。

在现实情况下，对于正确的，下级理应服从，问题是对于错误的是否也要服从？一般来讲，对于错误的，为了顾全大局也要服从。这种服从不是盲从，而是在组织服从的前提下，要采取适当的方式向上级领导者阐明问题的严重性，在实际行动上有所保留、修正和变通；在不能及时纠正的情况下，一方面要贯彻执行，另一方面要及时向有关方面提出自己的意见，以维护党和农民群众的利益，这是一条重要原则。当然，对于那些违法乱纪或以权谋私的行为，不仅不能服从，还要坚决抵制和反对。

（三）适应上级的特点和习惯开展工作

恰当地根据上级领导的心理特点和习惯开展工作，既有利于搞好工作，又有利于处理好与上级的关系。例如，有的领导直率爽快，工作作风雷厉风行；有的领导严谨细致，工作作风求真务实；有的领导喜欢看书面报告；有的领导喜欢听口头汇报。农村干部对此必须做到心中有数，这样就可以针对上级的特点，尊重其工作习惯，以求得最好的工作效应。

（四）提出建议但不可强求上级采纳

农村干部在协调与上级人际关系时，要特别注意善于将自己的意见用适当的方式让上级领导采纳，变成领导者自己的意见，不可强求上级一定采纳。作为下级，在对某一问题提出自己的独到见解时，要善于将自己的意见变成上级领导者的意见，学会说服上级领导者采纳自己意见的方法与艺术。为此，一要研究不同的上级领导者听取下级意见的特点，采用不同的反映意见的方法与艺术；二要反复研究推敲自己的意见，使之既有科学性，又有可行性，易于被领导者采纳；三要选择向领导者提建议的适当时间、地点和场合，最好是上级领导者也在思考这个问题而又百思不得其解的时候，或是上级领导者心情舒畅的时候；四要在建议中有几种方案，留给上级领导者以选择的余地；五要点出问题的成败利害，使领导者有紧迫感；六要语言简明，逻辑性强，态度端正，让人信服。

（五）运用“等距外交”，避免交往过密或亲疏不一

所谓“等距外交”，是指作为农村干部应该从工作出发，对上级领导成员一视同仁，亲疏有度，建立和发展正常的关系，而不应从个人目的和私利出发，戴“有色眼镜”看待上级，攀一方踩一方。这无论是对工作、对上下级关系，都是有害无益的。

那么如何实行“等距外交”呢？一是在工作上一样支持，做到一视同仁，一样看待，防止因人而异，“看人下菜碟”。二是在组织上一样服从，不能按照职务高低或亲疏状况来决定自己的服从程度，听大的不听小的，听近的不听远的。三是要按照权限和程序汇报工作，不要随便越级请示汇报。

二、协调与同级之间关系的艺术

（一）积极配合，而不越位擅权

作为农村同级干部，既要齐心协力积极开展工作，又要做到不越位擅权，插手别人分管的工作。要尊重其他同级干部的职权，维护他们的威信，不干预和随便评论对方的工作。不适当地插手别人职权范围内的工作，会打乱别人的部署，影响别人的工作，伤害别人的感情和自尊心，引起别人的不满。所以，我们必须做到属于别人职权范围内的事绝不干预，属于自己的责任也绝不推卸，在有能力和必要帮助他人工作时，一定要掌握好分寸和尺度，掌握好时机和方法，避免产生负效应。

（二）明辨是非，而不斤斤计较

同级农村干部在一起工作，往往因为在某些事情上意见、态度、看法不一致而发生分歧，甚至会出现争吵。对此，若处理不好，久而久之就会形成隔阂，影响合作。所以农村干部之间要顾全大局，从维护团结的良好愿望出发，坚持做到“是非问题弄清楚，一般问题不在乎”。

涉及大是大非问题，一定要坚持原则，不妥协、不让步。但要讲

究方式方法，避免言辞激烈，伤害对方的感情。还要注意不要把矛盾公开化，把农村干部之间的分歧扩展到下级和农民群众中去。对一些无关紧要的“小事”，应采取不细究、不计较的态度，对己严、对人宽，谦和忍让，豁然大度。

（三）见贤思齐，而不嫉贤妒能

处理好同级干部之间的关系，不仅要有容人之短的度量，而且要有容人之长的胸怀，见贤思齐，不怕别人超过自己。要虚心学习别人的长处，增长才干，共同进步。不可否认，农村干部队伍中也确实存在有些人自己不求进取或能力有限，却害怕别人超过自己。一旦发现别人在某一方面比自己强，就妒火中烧，似乎我不行你也不行才好。于是“事修而谤兴，德高而毁来”，使得农村干部之间关系紧张，内耗丛生，使工作受到影响。

（四）相互沟通，而不怨恨猜忌

农村干部之间应经常沟通思想，营造和谐的感情氛围。实践证明，善于沟通的农村干部，就容易被对方理解和信任，彼此之间的“心理防线”也容易迅速消除。相反，农村干部之间缺乏相互沟通的精神，彼此“各揣心腹事”，最容易发生心理冲突，怨恨猜忌，造成“僵局”。事实上，农村干部之间发生不团结的现象，主要表现为在重大原则上有分歧的少，思想感情上有隔阂的多；故意拆台的少，合作不密切的多；制造事端的少，处理矛盾不妥、方法不当的多。只要我们经常注意沟通思想，就可以减少矛盾，消除不必要的猜忌，增进感情，增强团结。

（五）支持帮助，而不揽功诿过

农村干部之间，常常会遇到一些工作上的交叉，也会有一些需要共同处理的交叉事务。对这些交叉工作，农村干部之间应当互相支持。只有互相支持，才能互相配合。其他农村干部在工作中遇到困难时，要主动帮助排忧解难；当对方出现失误和差错时，应当主动补台，不能看人家的笑话，更不能落井下石，趁机拆台。不能好大喜功，有了功劳往自己身上揽，有了过错往别人身上推。如果我们真正做到了权力不争，责任不推，困难不让，有功不居，有过不诿，农村干部之间的关系就会更加密切、融洽，真正做到同舟共济。

三、协调与农民群众之间关系的艺术

群众关系，是农村干部必须认真解决好的一个重要关系。马克思主义认为，人民群众是历史的创造者。相信群众，依靠群众，时刻同人民群众保持密切的联系，这是我们党的优良传统和作风。作为一名农村干部，只有坚持党的群众路线，正确处理与群众的关系问题，才能充分发挥领导的效能，推动农村工作的深入开展。

（一）平易近人，与农民群众打成一片

人民群众是力量的源泉和胜利的保证。能否始终保持同人民群众的血肉联系，直接关系到党和国家的盛衰兴旺，关系到农村各项事业的成败。农村干部是人民群众的勤务员，要牢记自己手中的权力是人民群众给的，不要自以为是，盛气凌人。要牢固树立全心全意为农民群众服务的思想，摆正自己与农民群众的关系。

要放下架子，打掉官气，以普通兵的身份出现在群众之中，与群众交朋友，倾听群众的意见和想法，向群众学习，使群众感到你可亲、可爱、可敬，不要对群众颐指气使，摆出当官做老爷的架势。

（二）体贴下情，关心农民群众疾苦

处理好与农民群众的关系，必须体贴下情，关心农民群众的疾苦，真心实意为农民群众办实事，帮助农民群众排忧解难。早在我党创建农村革命根据地时期，毛主席就指出："我们必须真心实意地解决群众的穿衣问题、吃饭问题、住房问题、柴米油盐问题、疾病卫生问题、婚姻问题，总之，一切群众的实际生活问题，都是我们应当注意的问题。只有这样，才能得到广大群众的真心实意的爱戴"。在革命战争年代，由于党的各级领导能够体贴下情，关心群众疾苦，因而得到了千百万劳苦大众的真心支持和拥戴，取得了民主革命的伟大胜利。当前在进行社会主义新农村建设的进程中，更要十分重视关心群众、体

贴下情的问题。

对于农村干部来说，在这方面必须注意以下几点：一是要了解农民群众的思想、愿望、意见和要求，洞察农民群众心理，把握农民群众情绪；二是要设身处地为农民群众着想，理解农民群众中暂时还存在的一些落后行为，逐步加以引导；三是要在力所能及的情况下，为农民群众办实事、办好事；四是对于一些急需解决而又一时解决不了的问题，要向农民群众解释清楚，争取得到群众的谅解；五是要向农民群众指明发展前景，并努力创造解决问题的条件，给农民群众以希望；六是农村干部要以身作则，“先天下之忧而忧，后天下之乐而乐”，尤其要清正廉洁，坚决反对腐败和不正之风。

（三）坚持从群众中来到群众中去的工作方法，防止命令主义和尾巴主义

从群众中来到群众中去的领导方法，是马克思主义的认识论和唯物史观在领导方法上的具体运用和具体体现，是农村干部处理与农民群众的关系时必须遵循的重要原则和重要方法。

（1）农村干部要注意倾听农民群众的愿望和要求，并把各种分散的意见集中起来，进行优化，使之变为科学的、系统的能够为大多数农民群众接受的意见，然后再贯彻到农民群众中去。

（2）农村干部要善于让农民群众理解并接受这些经过集中和优化的意见，讲清楚有关意见的来龙去脉和前因后果，把政策变为农民群众的自觉行动。

（3）农村干部在处理与农民群众的关系时，要注意防止两种错误倾向：一种是超越大多数农民群众觉悟程度，要求农民群众去做一些暂时做不到的事情的命令主义；另一种是看不到农民群众的长远利益，看不到农民群众的主流和积极性，消极地反映农民群众的意见，甚至迁就某些后进农民群众情绪的尾巴主义。

（四）台上台下，实现角色的转变

农村干部处在一个特殊的环境之中，在农村的各项领导工作上，是一位干部，是一位领导者，但在平常的生活中，可能是一位长辈、

兄弟、姊妹、丈夫，也可能是一位晚辈。这就需要广大农村干部正确看待自己的工作与生活，在工作中要尽一位农村干部的职责，认真努力，大胆管理，严格负责；在生活中要摆正自己的位置，放下架子，平等待人，与农民群众同吃同住同劳动，体贴下情，倾听农民群众的呼声与要求，真正与农民群众打成一片。

第三节　农村干部协调人际关系中存在的问题及解决办法

随着我国经济和社会的全面进步，农村干部的整体素质和领导能力也明显改善，应该说，广大农村干部在协调处理人际关系上总体情况是好的，但仍有一部分农村干部在处理人际关系方面存在一些问题，我们必须对此有一个清醒的认识，并注意在工作中加以避免和克服。

一、存在的问题

（一）协调与上级之间的关系中存在的问题

（1）搞远近亲疏、拉帮结派。由于受社会上不正之风的影响，部分农村干部为了给自己找靠山，通过工作关系或亲朋好友联系与上级领导拉关系，更有甚者则通过行贿结交领导以能够得到上级的庇护，保住自己的位置，完全置农村的利益、工作于不顾。

（2）唯命是从、过分盲从。有部分农村干部对上级的指令只知道一味盲从，正确的要执行，不正确的也要不折不扣地执行。比如一些地方上级出台的一些明显不符合本地实际的政策和办法，也要坚持贯彻，结果使农民群众损失惨重。更有甚者，一些农村干部对上级某些领导的一些明显不合理的要求也不敢反对，只是一味地去满足。

（3）要挟上级满足自己的不合理要求。有一些农村干部特别是贫困地方的干部，不从全局考虑，为了一村或一己之利，竟向上级提出一些不甚合理的要求，要求上级满足，否则就以辞职不干或不好好地开展工作相要挟，致使上下级之间关系紧张，正常的工作难以开展。

（二）协调与平级之间的关系中存在的问题

（1）缺乏必要的理解、沟通与支持。当前，在有些地方的农村干部中理解沟通不够，如党政班子成员之间、同事之间由于各有各的分工，所以互相之间都认为各管各事，互不干涉，甚至在一些重大问题上也互不交流，各自为政。他们完全忘记了党政班子之间分工协作的关系，忘记了班子成员之间的分工负责关系，结果造成双方之间越来越缺乏理解，工作中也互相拆台，矛盾激化，严重地影响了农村各项工作的正常开展。

（2）越位揽权时有发生。有些农村干部完全没有职权概念，对自己分管范围内的工作要管，对不属于自己职权范围内的事也要管，结果打乱了别人的部署，影响了别人的工作，伤害了别人的感情，引起了同级之间的不满和猜疑，进而造成同级之间互相拆台，正常的工作难以开展。

（3）个别人嫉贤妒能，拆台使坏。有些人看到同级干部在工作中做出了一些成绩，不是见贤思齐，从自身找出原因迎头赶上，而是怕别人干得好会影响自己的地位及形象，于是在工作中不支持，制造障碍，拆台使坏，不让同级很好地开展工作。有些人还散布一些流言飞语，公开诋毁同级，甚至打击报复。

（三）协调与农民群众之间的关系中存在的问题

（1）不体贴下情，不关心农民群众的疾苦。有些人没有把群众放在第一位，不深入群众调查研究，不了解农民群众在生产、生活中遇到的困难，因而也就不存在帮助群众解决困难，而只是凭个人的主观意志、凭想当然办事，严重地伤害了农民群众的感情。

（2）凭长官意志办事，工作方法简单粗暴。针对农村中的一些临时摊派任务，有些农民群众由于种种原因一时不能完成，有些农村干部不是进行了解与沟通，或做这部分群众的思想工作，而是采用一些简单粗暴的方法去解决，有的甚至打骂群众，结果造成干群关系紧张。

（3）不能很好地坚持群众路线。个别地方的干部认为农民群众思想觉悟低，没有辨别是非的能力，于是在决定村里一些重大事项上不征求群众意见，由个人说了算或由少数几个人说了算，因而就难以得到广大农民群众的理解与支持，一些事情就难以顺利开展，与群众之间的关系也就越发紧张。

（4）角色的转变不到位。有些农村干部把工作和生活混为一谈，在日常生活中，没有很好地抓住这一与广大农民群众加深了解、增进友谊的大好机会，而是仍将自己视为一位领导干部，摆领导的架子，对农民群众颐指气使，将自己凌驾于农民群众之上，严重伤害了农民群众的感情，拉大了与农民群众之间的距离，从而也必然增加了农村工作的难度，影响干群关系。

二、解决的办法

对于农村干部协调人际关系中存在的问题，不可漠然视之，我们必须高度重视存在的问题，并在工作中认真加以改进。

（一）要加强学习，提高处理各种人际关系的能力

要提高自己协调人际关系的能力离不开学习，只有通过学习才能提高自己分析问题、解决问题的能力，才能提高协调人际关系的能力和水平。在学习中，我们既要学习党的各项路线方针和政策，学习马克思、列宁、毛泽东、邓小平关于领导科学的重要论述，更要学习“三个代表”重要思想和科学发展观，用“三个代表”重要思想和科学发展观武装自己的头脑，明确自己作为农村干部所应肩负的责任和使命。在学习中，我们还要真正静下心来学习当代关于领导科学的论著，特别是关于领导方法与艺术的论述，用先进的理论武装头脑，帮助自己发现工作中存在问题与不足，并有意识地在今后的工作中加以改进，不断提高协调人际关系的能力。

（二）要理顺上下级之间的关系，不盲从，不提非分要求

农村干部是党的各项农村政策得以贯彻落实的领导者，我们的工作离不开上级的关心、支持和帮助，因而我们必须很好地贯彻上级的指示精神，服从上级的指示和命令。但我们对待上级指示时，切不可一味盲目地服从，正确的我们就服从，对一些不甚符合本地实际的命

令，我们就要考虑一下，并尽可能与上级进行沟通，以求得上级的理解与支持；对上级的一些不合理的要求，我们也可以坚决地拒绝。为了进一步协调好与上级之间的关系，我们在看待和处理问题时还应有全局观念，在对待个人或一村的利益问题上，切不可提出一些上级难以满足的要求使领导为难，要个人服从组织，局部服从全局，更不应该因为未能满足个人或一村之利而要挟领导。

（三）要进一步搞好同级之间的分工与协作

农村的工作是一个整体，农村干部之间为了农村的整体发展，应该更进一步搞好分工与协作，大家齐心协力地推进农村各项工作的开展。对自己分管范围的工作要尽职尽责地认真做好，与同级多沟通，求得理解与支持，同时对同级的同志也要多帮助、支持，帮助同级更好地开展工作。要坚决克服同级之间争权夺利、互相拆台、擅自揽权现象的发生。同级之间还应互相学习，要善于发现别人的长处，并勇于向同级学习，不断改进自己的工作，共同促进农村各项事业的发展。

（四）要坚持走群众路线的工作方法

坚持群众路线的工作方法，一是要克服不深入群众、不关心群众疾苦的错误做法。农村干部在深入农民群众方面有着得天独厚的条件，我们就生活在群众之中，与大家同吃、同住、同劳动，因而我们有更多接触农民群众的机会，关键是我们一定要放下架子，利用一切可以了解农民群众的机会倾听农民群众的呼声和意见。对农民群众反映的问题我们一定要认真对待，能解决的尽量解决，不能解决的也要解释清楚，求得农民群众的理解。对农民群众生产、生活中遇到的困难，我们也应力所能及地帮助解决。这样，我们就可以与农民群众打成一片，与农民群众的关系也会得到改善。二是要改进简单粗暴的工作方法，对一些农民群众一时难以办到的事或一时还没有完全理解的问题，我们要进行耐心地说服教育，转变大家的思想观念，求得农民群众的理解支持，切不可采用打骂等办法，那会更进一步激发农民群众的不满情绪，影响干群关系。三是在决定一些重大问题时，一定要充分征求农民群众的意见，不可独断专行，要把农民群众拥不拥护，农民满不满意作为我们决策的一个重要依据。

（五）坚决制止在协调人际关系中的不正常现象

一是制定相应的办法措施，规范农村干部的行为，控制农村干部利用职务之便搞小动作甚至“礼尚往来”。二是要加强对农村干部的监督。各级领导机关和广大农民群众要增强监督意识，对农村干部的一言一行、一举一动进行监督。对干部工作中的一些不正常现象要及时予以批评指正。农村干部也要乐于接受人民群众的监督。三是要坚决查处农村干部中的违法乱纪现象。对一些违法乱纪行为，要坚决地以党纪国法进行严厉查处，发现一起查处一起，绝不姑息。

第四节　协调人际关系的领导艺术案例评析

一、案例：蔺相如是怎样处理与同僚廉颇关系的

廉颇，是赵国的大将。赵惠文王十六年，他统率赵军，攻打齐国，把敌军打得大败，拿下了阳晋。因此赵王封他为上卿，各国也都知道他勇敢善战。蔺相如是赵国人，在赵王的宦官头目缪贤门下担任管事。“完璧归赵”后，被任命为上大夫。

赵王到了渑池地方与秦王相会，席上，秦王酒喝到很畅快的时候，对赵王说：“我听说您喜欢弹瑟，请弹一曲给我听听。”赵王就在筵席上弹了一曲。秦国的史官走上前来，写道：“×年×月×日，秦王与赵王会饮，命令赵王弹瑟”。

蔺相如上前对秦王说道：“赵王听说秦王擅长秦国的音乐，现在我奉献瓦盆一只，请大王敲敲瓦盆助兴。”秦王大怒，不肯答应。于是蔺相如捧着瓦盆上前，跪着献给秦王。秦王还是不肯敲。蔺相如说：“现在我跟大王距离不满五步，大王要是不答应我的请求，我可要把颈上的血溅到大王身上了！”秦王的侍卫人员立刻拔出刀来要杀蔺相如。蔺相如瞪起眼睛，大声呵斥他们，吓得那些人直向后退。秦王心里很不愉快，只得勉强在瓦盆上“当”的敲了一下。蔺相如回头叫赵国史官写道：“×年×月×日，秦王给赵王敲瓦盆助兴。”

秦国的臣子们见秦王没有占到便宜，就说道：“请赵王送十五座城池给秦王作为献礼。”蔺相如也说：“好，请秦王把国都咸阳城送给赵王作为献礼。”直到宴饮完毕，秦王始终不能够把赵国压倒。那时赵国方面也调集了大军提防秦国来犯，结果秦国也不敢有什么举动。

渑池之会结束，赵王回到赵国。因为蔺相如功劳很大，封他为上卿，地位在廉颇之上。廉颇很不高兴，对人说：“我做赵国的大将，攻城野战，出死入生，立下不少汗马功劳。可是蔺相如光靠会说几句话，地位反而在我之上。他本来是个出身微贱的人，我做他的下手，觉得很羞，实在受不了。”又公然说：“我如果碰到蔺相如，一定要当面羞辱一番。”蔺相如听了这些话，不肯再同廉颇会面。每逢上朝的时候，他常常托病请假，不愿意跟廉颇在一起争位次的先后。

后来，蔺相如出门，远远望见了廉颇，赶忙吩咐车夫转过车子回避他。蔺相如府下的人都向他表示抗议说：“我们离开家人亲戚，前来投靠您，就因为仰慕您为人富于正义，勇敢不屈。现在您跟廉颇职位相同，廉将军公开说出那些令人难堪的话，您不但不和他理论，反而害怕得躲闪回避，实在太胆怯了。这样的胆怯，连一个平常人也感到羞愧，何况您是身为将相的人啊！我们没有什么才能，对您帮助不大，请让我们回家去吧!”

蔺相如连忙挽留他们说：“你们看廉将军与秦王相比哪个厉害？”大家都说：“比不上秦王。”蔺相如说：“请想一想，秦王的威势是那么厉害，我蔺相如却在朝堂上当众呵斥他，使秦国的满朝文武都蒙受耻辱。我蔺相如虽然不中用，难道会害怕廉将军吗？但是我想到，强暴的秦国所以不敢出兵侵略我们赵国，就因为有我和廉将军在的缘故。现在两虎相斗，一定要拼个你死我活，不能共存，那时秦国必定再来侵略，国家大事可就不堪设想了。我对廉将军忍辱退让，原是先顾到国家的事情，后考虑私人的仇怨啊!”

廉颇听到这些话，万分感动。立刻解衣露膊，背着荆杖，请门客做引导，到蔺相如府上谢罪说：“我是个没见识的糊涂人，不知道您竟宽恕我到这样的地步啊!”结果两人变得非常好，成为誓同生死的莫逆之交。

二、案例评析

（一）案例蕴涵的道理

蔺相如与廉颇“将相和”的故事，在我国可以说流传甚广。故事在描写蔺相如的机智、勇敢和不怕牺牲的同时，着重刻画了他的“先国家而后私仇”的高贵品质，同时也赞扬了廉颇知错认错、勇于改过的精神。他们二人从国家利益出发，抛弃个人成见，团结一致，共同对敌，这种精神，两千多年来一直受到人们的称赞，经久不衰。故事虽已久远，但今天读来仍倍感亲切。蔺相如在处理人与人关系方面表现出来的艺术，廉颇老将军知错就改的精神，仍然不失为我们正确处理人际关系的好教材。蔺相如、廉颇的故事告诉我们，对于人与人之间的一些纠葛，站在不同的角度看问题，就会产生完全不同的认识，乃至采取完全不同的行动，产生完全不同的后果。一些站在个人角度上完全不能理解的事，只要站在国家立场上去看，就算不了什么。一些乍一看上去平常人很难接受的事，在伟大人物眼里根本不值一提，表现得心静如水，这就是水平、这就是差别，是站在不同层次上看问题而产生的水平差别。

（二）农村干部领导工作中存在的错误倾向

互相之间闹不团结是农村领导干部工作中经常遇到的问题：我们一些农村领导干部，在具体工作中，过分的计较权力的大小，总认为别人抢了他的权；过分计较同志间公开场合的发言，总觉得别人说话是有意对着他，是在故意伤害他；过分计较工作中的一些具体细节，总觉得别人挡了他的路，影响了他的发展，总觉得别人说的一些话、做的一些事是针对他的，疑神疑鬼。一句话，总是围着自己想问题、看问题，总也脱离不了一个“我”字。于是就因为一句话或一件芝麻绿豆大的事情，闹得不可开交。由开始的不通气，到互相猜疑，到互相扯皮，到撕破脸皮。直至矛盾双方两败俱伤，个人集体都受损失。有些农村干部明知自己错了，但死要面子，不认账，错过了一个又一个化解矛盾的机会，不理解发展成不谅解，小疙瘩变成大问题，以致成为死对头，势不两立。这种为了“自我”而不惜树立对立面的做法，实际上是非常不值得，也是十分错误的。时刻提防“对立面”，心往这里想，劲往那里使，还有多少精力去干工作、干事业呢!

（三）通过案例应该吸取的经验教训

蔺相如在处理与廉颇老将军的关系中有两点特别值得推崇：① 从国家利益的大局出发思考问题，清楚地认识到强大的秦国所以不能出兵侵略赵国，就是因为有蔺相如和廉颇都在的缘故，所以对廉老将军由于不理解而采取的找茬寻衅，采取主动躲避的高姿态政策。② 利用对门下人做思想工作的机遇，通过别人的口，将自己的想法慢慢传到廉颇那里，“我对廉将军的忍辱退让，原是先顾到国家的事情，后考虑私人的仇怨啊!”这里面确实蕴涵了一定的艺术。因为躲避总不是长远之计，首先是家人门客们不高兴，再者同朝称臣且都是重臣，哪能长时间不会面呢！所以说蔺相如对门下人做的思想教育，从表面上是说给门下人听的，实际上听到这些话后起作用最大的还是廉颇。而廉颇老将军也不愧是顶天立地男子汉，堂堂正正老英雄。思想上不通时专门找茬子寻事，一旦认识到自己错了，立刻袒胸露臂，负荆请罪，改过之心诚、情真、志坚，是何等的可敬啊！于是乎相如大度，廉颇赤诚，二人成为莫逆之交就是顺理成章的事了。作为领导干部，学习这个案例后，除了万分的敬佩之外，更主要的应该是主动效仿。

（四）案例启迪

对一些同志的不理解采取主动退让的高姿态是非常应该的，但这个退让必须是对整体利益有利的退让，也必须是通过退让矛盾化解后带来更大进步的退让。蔺相如的退让达到了这两个目的，在顾全了国家大局的同时还赢得了廉颇对自己的更深了解。要特别防止那些丧失原则的退让，对国家对个人都是有害无益的退让。另外这里所说的“高姿态”退让，还必须是志同道合的同事间的退让，是对偶然犯了糊涂病的“好人”的高姿态，对于那些居心叵测的人、别有用心的人、抱定错误信念死不回头的人是不能退让的。因为对于这些人，退让是换不来理解和感激的，这是在日常工作中应注意防止的。

第十一章　农村干部处理突发事件的艺术

随着农村多元化利益格局的形成与发展，突发事件在农村时有发生，一旦发生，一旦处理不好，就会使农村安定发展的局势骤然间处于某种紧张状态，甚至是出现某种危机，因此，如何有效地预防、控制和处理农村突发事件，是每一个农村干部都难以回避的问题。

第一节　农村突发事件概述

一、农村突发事件及其类型

农村突发事件是在特定时间和地域内发生的，危及政府职能运行、农村社会稳定和农民根本利益的事件或灾难。农村突发事件从行为方式上分为两种类型：一是人为型突发事件；二是非人为型突发事件。所谓人为型突发事件是指因人为的因素所发生的行为冲突，其表现形式有全局性冲突和局部性冲突两种。非人为型突发事件是指因自然因素所发生的不可抗拒的事件或灾难，其外在表现形式有地震、台风、冰雹、塌方、山体滑坡、流行疾病、严重旱涝灾害等多种。

突发事件与一般性纠纷或冲突既有区别又有联系。就其区别看，一般性纠纷或冲突一般是发生在个人之间、组织之间及个人与组织之间的某些具体行为冲突，对于乡村组织的全局和社会活动不构成直接的重大影响，其形式比较单一、直观。而突发事件比较复杂，且影响面广，其影响的消除难度大、时间长。二者之间的联系表现在三个方面：一是都是危机事件的表现形式；二是对农村社会稳定和经济发展有不利的影响；三是二者可以互相转化。一般性纠纷或冲突如果得不到及时妥善的处理，就会酿成突发性事件，突发事件处理得当也会被控制为一般性纠纷或冲突。

二、农村突发事件的特点

农村突发事件的特点主要有以下五个方面：一是不可预见性。突发性事件从字面上就可以看出，它发生的比较突然，甚至是完全出乎人的意料，如乡镇企业发生毒气泄漏、学校发生大量学生食物中毒、森林天然失火等，谁都难以预测，农村干部一般是措手不及，无法按照正常的工作规范去工作。二是普遍性。突发事件随时随地都有可能发生，任何个人、家庭、农村各级组织等都不能断言，自身会与以后的突发事件无缘，诸如人遇车祸、天降冰雹、疾病流行等。三是严重的危害。突发事件无论大小都可能对群众的生命及财产安全造成严重的危害和损失；对村级组织不仅会破坏正常的生产秩序，损坏村组织的形象，而且还会影响到未来的发展和经营，影响到与社会各界的关系。四是舆论的关注性。突发事件的传播的速度很快，而且常常成为社会舆论的关注的焦点和热点，更是新闻传播媒介最佳的“新闻素材”或“报道线索”，有的甚至发展成为牵动社会各界公众“神经”的重大社会事件；都是由某种失误或利益冲突造成的，协调余地较小，且不易控制其事态发展。

三、现阶段农村出现突发事件的原因

（一）各项规章制度不完善，促使旧有矛盾升级

现阶段在我国广大农村一些地方完善了各项规章制度，一些地方各项规章制度还不完善，有的地方虽然健全了规章制度，但并没有按规章制度办事，没有按照规章制度规范干部的行为及其权力进行运作，

有的甚至在干部的考评、重大事项决策、廉政建设等方面都没有具体的可操作的规章制度，在客观上使得一般性纠纷或冲突时有发生且得不到及时处理，并最终酿成突发事件。

（二）工作方式简单粗暴，引发突发性事件

党的改革开放政策和社会主义市场经济体制的建立，使农民思想得到极大的解放，他们纷纷投入到市场经济的大潮中去一展身手，许多党员也加入了发家致富的行动中，这样导致农村干部后继乏力出现了班子不健全、结构不合理，甚至是一些干部素质较差等现象。因此，在执行工作中，就出现了各种问题，诸如村支两委办事效率低下、作风拖拉，一些干部工作粗鲁，甚至是横征暴敛。如山西的一位村支书，在催民缴款时，搬一村民的电视机，遭到一妇女的辱骂，这位妇女只骂一句，而这位村支书在全村的广播上整整辱骂这位妇女达两个小时之久，导致当夜这位妇女的家庭成员冲击村支书家里的暴力事件。还有的村干部习惯于强迫命令，如河南某县某乡，要求某村种植黏玉米，村干部用强迫的手段迫使农民栽种。如果不栽，要处以罚款，村民迫于压力，全部种上了黏玉米，谁知当年黏玉米产量低，价格下滑，原来乡里承诺的包种包销的合同不算数，这个村的村民一夜之间把村里一千多亩黏玉米都运到乡政府，堆放在乡政府院内，并且围攻乡政府达两天之久，后来又出现了集体上访事件。

（三）宣传滞后，滋生新矛盾

在乡村基层组织管理中，管理机构应该与群众加强交流，让其了解、理解、体谅村干部工作的复杂性与难度，如果宣传措施不到位，没有通过各种媒介，如黑板报、闭路电视、有线广播、会议等，及时向村民通报政府及乡村组织的各种信息，如上级的批示决定，本乡领导情况一知半解，即使是有所了解而是通过“出口转内销”的方式，他们就可能产生猜疑、烦恼、怨恨、对抗的心理行为，以至于发生突发事件，如河南省某县一个村，村里干部准备建一小型化工厂，占地约 20 亩，这本来是发展村经济的一件好事，可是村里没有及时通报村民，没有征询他们的意见，村民从其他地方得知这一消息后，第二天

一早开了 50 多辆农用四轮车去县里围攻县政府大院，扬言如果要占 20 多亩[①]地，就毁坏乡村公路。

（四）“暗箱操作”，腐败滋生、突发矛盾出现

在农村，导致干群关系紧张的因素很多，最主要的是村务、政务不公开，腐败现象滋生。在发生过突发事件的乡村，一个重要因素就是农村财务收支不公开，计划生育指标审批及农用生产资料的分配，宅基地审批，乡统筹，村提留，集体经济项目承包经营中隐蔽性较大，许多村干部从中以权谋私。

（五）利益冲突，潜在矛盾突发

人们的思想觉悟，认识水平，心理需求不同，也使人们对一些事物，利益的态度和行为不同。而这些差异和矛盾的客观存在，在一定的环境和条件下，就有可能引起突发性的棘手事件。例如，用河水种水稻的地区，用水高峰期因为水的问题极易发生纠纷和冲突。由于某些原因，群体内利益分配不公也会产生意见，严重也会导致突发事件。

（六）自然灾害容易造成突发事件

俗话说：“水大不留情，火烧当日穷”。水灾和火灾是无情的，其他自然灾害也并不仁慈，一次大地震发生后，整个城市就可能成为一片废墟，一次风暴灾害过后，眼看到手的粮食没有了，每次自然灾害都会给村民造成灾害，甚至造成突发性事件。

第二节　农村干部处理突发事件的艺术

一、处理突发事件的原则

总结成为处理突发性事件的实践，我们可以把处理突发事件的原则概括为：冷静、及时、准确、诚信、积极这十个字。

---

① 1 亩=1/15 公顷。

（一）冷静

冷静是处理突发事件的前提。当基层组织发生突发事件时，领导及有关部门的相关人员都要沉着冷静，且不可群众一嚷嚷，新闻媒介一哄哄，自己晕头转向，稳不住阵脚，谨记古代“和为贵”、“忍为纲”的格言，在突发事件面前保持清醒的头脑，认真与分析有利和不利条件，顶住各种压力，慎重而果断地处理问题。

（二）及时

对于任何组织、突发事件都可能使其损失严重，因此及时处理突发事件，不但是突发事件本身特点的要求，而且也是组织自身生存和发展的要求。对于乡村组织，这一原则同样适用，及时的原则主要指：迅速成立处理突发事件的领导机构，它包括组织的主要领导和相关人员；迅速组织指挥有关部门和人员了解突发事件的全貌；及时与社会有关部门进行沟通，了解群众、新闻机构的态度；及时制订处理突发事件的计划、步骤；及时处理，抢时间争主动，消除影响。

（三）准确

准确是指在处理突发事件时，对突发事件的成因在准确了解与分析，对日前状态的准确评价，对可能产生的后果的准确预估以及制订切实可行的处理突发事件方案，准确实施方案等。因突发事件不但发生突然而且传播迅速，在处理时，如不能准确地抓住突发事件的要害和关键就可能错失良机，造成不可挽回的损失。

（四）诚信

诚信的原则是指组织在面临突发事件时，要主动承担应负的责任，诚心向受害者和群众道歉，真诚地将突发事件的原因、处理的方法等真实地告诉群众，在处理突发事件的过程中，遵守信用，不失信于群众。

（五）积极

积极是组织争取主动的前提，积极主动承担责任，不但能控制突发事件的进一步发展和恶化，而且能够取得受害者谅解和合作，取得群众的理解，积极主动地向新闻单位公布有关突发事件的信息，争取新闻媒介的合作与支持，这些都有助于突发事件的处理。

二、处理突发事件的艺术

作为最基层的村级组织，总是处于不断变化的社会环境中，冲突和灾难事件的发生不可能完全避免，如何有效地处理好突发事件，赢得群众的信任和支持，是对每一个农村干部的考验。

（一）迅速控制事态

突发事件发生后，能否首先控制住事态，使其不扩大、不升级、不蔓延，是处理整个事件的关键。这既是关系整个事件处理成败的基础和前提，又是寻找更好的、更彻底的处理方法的重要条件。而达到这一目的，农村干部应根据不同的情况，分别采取不同的控制方法。

（1）心理控制法。经验证明，不论是哪类突发事件发生，都会对群众心理产生相当大的冲击和压力，使绝大多数人心绪不稳，思想混乱，不知所措。他们既不晓得事件的性质及其原因，更不知道事件发展的趋势，处在强烈的恐惧、焦躁和冲动之中。处理不好，人们的心理及其行为很可能向不利于事件的妥善处理方面发展。所以，对事件的参与者和群众，首先应进行心理控制来减轻群众的心理压力。基本的方法有两种：① 村干部的行为影响。心理学认为，任何人都有一种遵从心理，即受他人活动的影响，自己也从事他人同样的活动。越是在自己心理波动不定、价值选择目标不定的情况下，越易于产生遵从心理。因此，在突发事件发生的现场，领导者要特别注意以“冷”对“热”，以“静”制“动”，切不可惊恐急躁，乱了分寸。村干部越是精神振作，沉着镇定，群众就越有了主心骨，其心理压力就会大大减轻。例如，2002 年 5 月郑州市突降一次历史上罕见的大冰雹，使一些村庄的农作物遭到毁灭性的打击，面对此灾情，巩义市石殿村的全体村干部，迅速到各家各户的农田查看灾情，并及时上报新中镇政府，同时召开村民代表会议，明确告诉村民："大家不要惊慌，镇党委和政府正在积极采取补救措施，灾情再大也会让大家有吃有住，希望大家相信党和政府，积极配合做好自救工作"。正是村干部这种遇事不惊的态度，赢得了村民的信任，争得了处理问题的时间，而没有出现农民成批到乡镇政府"讨饭吃"的现象。② 转移群众的注意力。一般地说，每次突发事件中，群众的注意力都会集中在一两个问题上。或者集中在个人的财产上，不能顾及全局性的抗灾战斗，甚至影响全局性的抗灾战斗；或者集中在一些敏感、热点问题上，固执己见，争执不下；或者为了达到某种利益，不达目的不罢休……在这种情况下，群众的注意力不转移，对于控制事态是十分不利的。必须采取有效措施，转移群众的注意力。常用的方法：一是说服诱导，寻找双方利益的交汇点，使群众对党和政府的主张产生认同；二是从群众的角度出发，承认某些可以理解和合理的方面，作为无损于实质的让步或许诺；三是运用归谬法或引申法，引导群众看到事件失去控制将最终可能出现的不良后果，使大多数人恢复理智，站到党和国家的立场上来。这些办法当然难以把所有人的情绪和态度都转移过来。但只要多数人的情绪和态度有所改变，基本群众站到了正确立场上，事情就好办多了。

（2）釜底抽薪法。参与突发事件或被卷入突发事件的群众，大都事出有因、情绪激动、一触即发。处理不好，不论哪类事件，都可能出现局势逆转的情况。因此，领导者和在现场工作的人员绝不能火上浇油，激化矛盾。"扬汤止沸"，先行治标，未尝不可；但"扬汤止沸，不如釜底抽薪"，这才是治本之道。① 弱化对方的内聚力。这种办法适用于有组织的社会事件。具体操作方法是：在弄清情况的前提下，掌握对方的目的和行为的破绽，作为分化瓦解对方的依据和突破口。通过强大的宣传、舆论攻势，一方面揭露事件策划者的目的和不法行为，抓住其言行相悖之处和幕后活动的事实，指出其行为的实质；另一方面宣传党的政策，指出事件继续下去的严重后果；向群众和事件的参与者讲清党的政策，启发大家冷静思考，不要人云亦云，要站在真理一边，同各种不良现象作斗争。还要利用群众能接受的形式和权威人士的影响，教育和争取大多数。② 论理缓解气势。突发事件的参与者总是想达到一定的目的，并且其目的性非常明显，因此农村干部不要回避已经发生的问题，而是要充分利用参与者的这种心理，通过必要的接触面谈，缓解紧张气氛，控制事态发展，从中发现事件的起因和性质。在接触和交谈中，既要旗帜鲜明，坚持原则，又要表现出解决问题的诚意。深明大义，晓之以理，若是个别人的有意操纵，一定要对此加以揭露，在教育团结大多数群众的基础上，孤立别有用心的人，从而控制事态发展。

（3）组织控制法。对人为型突发事件，组织控制有两层含义：一是在组织内部和广大群众中迅速进行正面教育使大多数人有个清醒认识，稳住自己队伍的阵脚，以免把大队人马搞乱；二是迅速查清突发事件的头面人物，予以重点控制。俗话说："擒贼先擒王"、"人无头不走，鸟无头不飞"。控制住首要人物，使其活动受到阻滞，事态才能不继续扩大升级。当然，控制首要人物，要依法从事，避免有人借机激化矛盾。

对于自然型的突发事件，组织控制的含义是：马上组织抢险救援，既要防止灾害扩大，波及更多地区；又要控制受灾地区，不使灾情加深。要使整个抢险救灾工作处在严密的组织指挥之下，避免无人负责或多人负责、打乱仗的现象。

迅速控制事态，必须遵循快速、理智的原则。因为事物发展的不同阶段具有不同的质量，不同阶段、不同质量问题的解决其难度和损失是不大相同的。所以，对突发事件处理得越快越好。

（二）周密组织，准确找到症结

控制事态使其不再扩大，不是事件的真正解决，只是事件处理的开端，重要的是利用控制事态后的有利时机，为问题解决争取时间和找准突破口。

（1）成立处理突发事件的专门机构。处理农村突发事件的专门机构应及时设立，其成员一般应由村里的主要干部，包括村支书、村主任、文书等和处理突发事件的专门人员组成。必要的时候应该请上级领导部门的领导担任处理突发事件专门机构的负责人。设置处理突发事件的专门机构，明确各职能部门在处理突发事件过程中的责任和任务，我们说突发事件一旦发生，就要立即处理，正如救生艇要对无线电紧急呼救立即作出反应一样。为避免临事无措，处理突发事件的专门机构设置后，应该立即制订应急计划，这类计划一般应包括下述内容：① 设计应付突发事件的沟通计划，以书面形式规定有关人员担负的任务，在上报上级党委政府的同时，尽量扩大应知群众的知晓范围。② 指定唯一发言人，最好是由专职人员担任，发布信息要准确扼要，并要注意涉及法律问题的细节。③ 指定处理突发事件每一个程序的负责人。④ 设计与社会各界及医疗机构联系的方式和计划。⑤ 拟定在尚未向外界发布重大伤害消息之前，先通知有关领导部门及受伤家属的办法与方法。⑥ 把各项沟通计划的细则详尽列出，注意责任分明，有利于实施这些计划。

（2）对突发事件进行调查了解，弄清事实真相。在突发事件处理机构的统一指挥下，对事件进行调查了解，至少应了解以下问题：出了什么事情、在什么时间、具体在什么地方发生的事？事故的原因、影响如何，事故是非、发展前景如何？外界与内部对事故的反应如何，现有的控制和处理措施是否有效。牵涉对象多与少，在了解了这些问题以后，应当立即向有关主管部门通报情况，使上级领导充分了解事实真相与全貌，并积极争取他们的援助与支持。然后采取有效措施投入紧张的善后处理，对不同的有关组织和个人，应分别采取不同的对策。

（三）妥善处理突发事件的具体对策

（1）对专门机构内部的对策。处理突发事件的专门机构一般都是临时性的，因此，对机构内部的成员既要加强内部信息交流，把情况如实告诉给每一个成员，寻求机构成员的最佳结合点，以便群策群力，共渡难关；又要严格纪律，使每一成员自觉服从管理，严守党的纪律，在有新闻单位介入的情况下，要统一新闻发布口径，以免产生不利的舆论，使善后工作不好开展。

（2）对受害及其家属的对策。在突发事件发生后，如何安慰受害及其家属，便成为一项十分重要的工作，接待受害者及其家属，一要掌握他们的典型心理特征，即强烈地希望知晓所有关于突发事件的真实信息，如事件发生的时间、地点、危害程度、事件的现状及变化趋势，事件发生后有关方面的基本态度等。因此，处理突发事件的专门机构应针对受害者及家属对有关信息的迫切需求和敏锐感受，不失时机地在事件发生后的第一时间内，通过新闻发布会，个人交谈等多种方式，及早向社会公开表明各级组织对突发事件的态度和立场，并以连续报道的形式，不间断地向受害及其家属通报最新情况，比如刚刚查验出的结果，受伤人员的抢救医疗情况等。对受害者及其家属要耐心慎重，表明歉意，以示安抚。要认真听取他们的意见和要求，如实赔偿他们的损失。赔偿问题则宜在受害者及其家属充分宣泄愤怒和不满以后，再进行理智的商谈，共同确定结论，即使有受害人的责任和过错，也不要过多过早地责备，不过细致地帮助总结经验教训也是有必要的。

（3）对新闻界的对策。在突发事件的处理中，如果处理不好与新闻媒体之间的关系，会造成不利的影响，一方面不能与群众进行有效的沟通，另一方面也有可能人为地放大负面效应，使组织处于更加不利的地位，如在突发事件的处理中，若采取“无可奉告”的态度无疑等于“火上浇油”，起到推波助澜的作用，因此，在突发事件的处理中，要积极地争取新闻媒体的合作与支持，把握舆论的导向，但是要确定对外发言人员及统一新闻发布口径，因为新闻报道具有“先入为主”的特征，一旦在群众心目中留下不良印象，再纠正或消除是十分困难的，所以对外发言人要主动接待来访记者并回答他们所提出的问题，借助新闻单位澄清已被歪曲的事实真相，在确有必要时，控制消息发布的数量、范围、时间、时机和具体方式，必须与新闻单位及其领导协商一致，而不应与新闻媒介发生对抗。在事件采访的整个过程中，接待人员应该始终保持冷静的头脑，迅速解答记者提出的每一问题，但在事实真相没有弄清以前，不要急于作答，以保证新闻报道的真实性，同时也为事件的处理争取主动，在“被迫无奈”不答不行时，一定要留有余地，切忌靠自己的主观臆断或推脱责任来应付记者采访，除此之外，还要注意做到以下三点：一是一般不要求阅看记者所写的报道，但应说明哪些消息因为什么原因暂时不能发布；二是发言人没有理由拒绝记者发表其姓名或引用其原话，也不宜与记者辩论报道的新闻价值；三是对所有记者一视同仁。

（4）对上级部门对策。突发事件发生后，应立即向上级主管部门报告，并把处理突发事件的计划上报给上级部门，以求得上级领导的指导，或帮助解决本组织力不可及的问题和困难，善后处理完毕还应报送处理整个事件过程的材料。切不可采取隐瞒事实真相或说假话的方式。

（5）对附近村组织的对策。对于发生突发事件的村来说，如何对待附近的村组织也是一个重要的问题，附近的村组织距离近，和本村存在着血缘、地域等千丝万缕的联系，在生产和生活有一定的互动作用，本村某些村民会成为其中的受害者，因此，在处理突发事件时，应该让附近村的主要干部及时了解事件的真相以及处理的整个进程，寻求他们的支持和帮助。

（6）对本村村民的对策。突发事件一旦在本村区域内发生，村民大多是紧张害怕，不知所措，甚至误传消息。这时处理突发事件专门机构应指定的专人有选择分步骤地把事实真相告知全体村民，使他们冷静，避免讹传误解，同时还要让村民明白各级组织的积极态度以及正在努力的情况，使村民放下心来，并紧密配合村干部，做好善后处理工作。

三、对处理突发事件的建议

（一）领导亲自出马，向群众展示敢于负责，有能力、有信心、有诚心解决突发事件的形象

在处理突发事件中，领导亲自出马与社会公众见面，或参加新闻发布会，或与新闻记者接触，或接见受害者等，直接向社会公众表达解决突发事件的决心、信心、诚心，对挽回突发事件造成的损失，维护自身的形象都起着积极的作用。

（二）妥善进行处理

突发事件的善后处理非常复杂，需要精心组织，比如恶性事故，严重的自然灾害等事件，给群众的生命财产造成了极大损失，也给群

众造成了强烈的心理创伤，甚至在国内国际上造成恶劣的影响等。这些后果都不是马上能够消除的，因而需要提供有关事实真相，赔偿损失，责任者处理，以及今后的预防措施等消息，通过处理突发事件来宣传党的政策，树立政府的良好形象，在尽快恢复正常的生产和生活秩序的基础上，增强村干部的凝聚力和号召力。

（三）顾全大局，实事求是，维护群众利益

村级组织以及上级主管部门在处理突发事件过程中，无论是对新闻记者、受害者、上级领导部门、本村村民、其他社会组织以及当地居民等，都要顾全大局，维护群众利益，以求得群众谅解和支持，尤其不要隐瞒事实真相，更不能欺骗群众和上级领导，否则只能引起群众猜疑不安，导致更大的不满，所以，只有实事求是地进行客观公正的信息交流，才能有利于迅速恰当地处理突发事件。

第三节　农村突发事件的预防

突发事件的出现，对组织自身十分不利，影响大而又波及面广，因此，任何村级组织，都应对此有足够的认识，高度重视并加以认真防范和妥善处理。

一、树立全民防范意识

突发事件危害很大，作为基层的乡村组织力争能够预见到将要发生的重大事件，而不至于在事件突然出现时措手不及，任何事物都存在着可能发生的情况，对于“已知的未知”情况，如村办烟花爆竹厂可能会意外发生爆炸、夏季麦收时会出现火灾、村干部贪污腐败会招致村民的不满愤恨等。人们知道此类事件可能会发生，但不知道究竟会不会发生、何时发生，对于此类情况，作为村干部应该加大控制力度，在严格自律的基础上，让全体村民树立防范意识，如村办烟花爆竹厂从领导到职工要加大安全检查、安全防护制度，夏季麦收时小心用火等。把发生突发事件的隐患降到最低点。

二、建立科学预警系统

对于“未知的未知”情况，即无法预见的突发性灾害，它可以是人为的，如民族间的矛盾冲突，宗教信仰引起的暴乱；也可是非人为的，如地震、山洪爆发、冰雹。村干部应针对本区域的自然情况和社会情况有一个轮廓性的认识，在此基础上预测在什么条件下会发生什么样的洪水灾害，在多民族居住区的村，应预测在什么情况下会发生民族间的矛盾或冲突，把这些分析结果印制成册，在报送领导机关和有关部门的同时，分发给全体村民，对所有应知人员起到预警作用。

三、加强组织内部建设

在农村，发生突发事件的一个主要原因往往是村组织制度建设不健全，村干部法律观念淡薄，处理问题方法单一，但也有些是因为干部贪污腐败，工作粗暴与老百姓发生了严重的对立。不论哪种情况，加强村组织内部建设对预防突发事件的发生都是很有必要的。因为只有村组织内部建设搞好了，其自身才会有战斗力，群众才会听其言信其行，突发事件才会可能得到有效地控制。加强村组织内部建设要从以下四个方面入手：① 加强教育，全面提高村级党员干部的整体素质。首先，强化他们共产主义理想和信念教育，全心全意为人民服务宗旨的教育，艰苦奋斗、勤俭节约的教育，帮助村干部树立正确的世界观、人生观和价值观，要远离腐败，勤政为民。其次，强化政策法规教育，切实提高村干部的政策理论水平和正确贯彻执行党中央各项政策的能力。例如，对农民负担问题，村干部理应按照党和政府的有关规定，把负担控制在允许范围之内，不能巧立名目，乱开口子。最后，强化科技文化及经济管理等知识教育，提高文化素质和工作能力。② 健全各种制度，提高村干部依法治村，按章办事的能力。这些制度主要是党的领导制度，党的组织制度，党的工作制度，党员管理制度，民主选举制度，村民会议和村民代表会议制度，村民自治章程，村委会工作制度等。党员干部要依法管理，循章办事。③ 端正工作作风。首先，坚持一切从实际出发的实事求是的作风，农村干部要力戒官僚主义、形式主义、说假话、说空话，工作中一定要量力而行，不能盲目攀比。

其次，要发扬密切联系群众的作风。最后要发扬批评和自我批评的作风。④ 转变工作方法。面对新时期新任务，面对素质日益提高的农民队伍，面对情况日益复杂的农村工作的局面，村干部必须进一步解放思想，大胆探索和努力寻找适应新形势的新方法。要求村干部听民言、察民情，依法办事，按章办事，增强民主法律意识，积极实践民主选举、民主决策、民主管理、民主监督，学会依靠民主、依靠法制领导走向新世纪的农民和农村工作的本领。

四、严防农村邪恶势力

由于农村文化建设的弱质性，使得农村精神文明建设滞后于经济发展的需要，从而形成很多的文化盲区，一些农村非法宗教组织、黑社会性质的流氓等邪恶势力将会乘势而动，甚至会横行乡里。目前有个别村已受到了严重影响。因此，必须广泛开展综合治理，从根本上铲除邪恶势力。

第四节　处理突发事件的领导艺术案例评析

一、案例：一家药厂是如何应对突发事件的

一家著名制药厂生产的安眠药因效果显著、信誉良好，深受消费者欢迎，市场占有率很高。但一次突发事件差点使该制药厂关门。

一位长期服用该安眠药的消费者在头一天晚上从安眠药瓶中取出两片药吃后真的就此长眠了——他死了。死者的家人一纸诉状要求制药厂赔偿。新闻界将此事披露后，该制药厂安眠药在市场上无人敢买。制药厂在危机面前，采取了迅速有效的方法，不仅化解了矛盾，而且使产品得到改进，更具竞争力。

制药厂领导者首先通过新闻界表示对此事件感到震惊和不安，向死者的家人表示道歉和抚慰，并表示不管死者是否因安眠药作用致死，制药厂都将负责死者善后事宜。接着，制药厂真诚地请求对死者胃液和死者服用的安眠药及装安眠药的药瓶进行化验。通过化验发现，死者服用的药片不是该制药厂生产的安眠药，而是治其他病的药，并在

安眠药瓶中发现了这种药片。原来是死者的一位亲属将药装在空的安眠药瓶中却忘了告诉死者，导致死者误服身亡。制药厂立即通过新闻界发布了这一消息。然后，制药厂为防止类似情况再发生，提出了改进安眠药瓶的设想。经过紧张研制，新型安眠药瓶在打开后不能再封，消费者在服用完药后不能再用来存放其他药，使安眠药既可安眠又确保安全。新瓶装旧药，在市场上顿时备受青睐，不仅赢得了原有市场，而且扩大了该安眠药知名度，市场占有率比突发事件前有了显著上升。

二、案例评析

（一）案例蕴涵的道理

案例告诉我们，突发事件一般都来得突然，但并不可怕。就像人突然患感冒发高烧一样，首先需要的是立即拿来退烧药服下去抑制发烧症状，然后再进行仔细诊断。对于突发事件，也需要首先“退烧”，即缓减矛盾，控制事态。那么拿什么“退烧”药去退烧呢？这就是工作者的水平和艺术问题。另外，控制事态使其不再扩大不是事件的真正解决，它只是危机处理的开端，更重要的是利用控制事态后的有利时机，千方百计的掌握引发事件及事发后的各种情况，然后透过表面现象看本质，抓住本质创造性地解决问题，化害为利，并以此为发展契机，为自己拓展更大的发展空间。

（二）农村干部领导工作中存在的错误倾向

在日常工作中经常遇到我们一些农村领导干部，遇到一些偶然发生的事情。首先关心的是事件是如何引起的、是谁的责任，而不注意事态的控制。个别干部，事情发生他本身有责任时还要狡辩几分、脱离干系，要是受害者“诬指”了他，那更不得了。在这种情况下，先打官司论长短，后处理事故，这是极端错误的一种倾向。先不说，事态控制不及时会带来一些预料不到的后果，形成不必要的损失。就是真正“诬指”了你，也不值得一触即跳，很快争出个高低。一是凡事总有水落石出的时候，用不着急；二是对于在突发事件中直接受害者与其连带无故受害者，说一些过头的话也在情理之中，应予以谅解，这时候，农村领导干部的不冷静和不主动，无异于火上浇油，是一种必须坚决反对的错误倾向。

（三）通过案例应该吸取的经验教训

突发事件大都是一些非程序化事件，在对组织造成威胁的同时，无疑也是对领导者提出了挑战。以上案例告诉我们，彻底清除因突发造成的危机，需要在控制事态后，及时又准确地找到突发事件的症结，才能对症下药，医治根本。一般说来，突发事件具有信息不完全性，决定了它的根本原因具有一定的隐蔽性，对组织也更具威胁性。所以领导干部必须在超常的情况下进行超常思维和创造性运作，运用一切可行的手段，及时准确地掌握大量的现象和事实材料，予以分析以化害为利。

（四）案例启迪

突发事件，在于其来得突然，首次出现又无规律可循，形成的原因又有一定的隐蔽性。有人认为，处理突发事件要临危不惧，要迅速查明原因，这里临危不惧是对的，但迅速查明原因却不一定现实。过分着急、很容易形成多方面的偏差，这是应首先防止的。另外，危机之中情况千变万化，处在第一线的农村领导干部绝不能成为一架死板执行命令的机器，时时请示汇报，这样也会贻误时机。一定要当机立断，以创造性的领导艺术化解危机。第三存在处理突发事件中，“下药”一定要准确，是相对的，有的时候不能一味追求其绝对准确，这样很容易丧失良机。要两害相权取其轻，只要利大于弊，任何办法都可以试一试，当然要先用最佳的办法来试。承认之，照顾之，削弱之，消灭之。

第十二章　农村干部处理其他事务的艺术

农村干部处理日常事务，主要体现在协调人际关系、处理突发事件、运筹时间、召开会议、谈话交流等方面，有些方面前面的章节已经详细讲过。这里主要讲述农村干部运筹时间、召开会议、谈话交流的艺术。

第一节　农村干部运筹时间的艺术

时间是人类生命中最宝贵的财富，是一种难以用金钱买到的资源。农村干部要想有所成就，有所作为，必须树立全新的时间观念，有效地运用时间，学会并掌握运筹时间的艺术。

一、做好事前准备、时间安排

工作是否有准备、时间是否有计划，效率大不相同。有准备就会使工作一开始就进入“重负荷运转”，减少“空运转”时间。

事前准备：比如农村领导手头应备有必需的手册、资料、工具书等，供随时翻阅参考；在开始做一件工作之前，应当把必要的参考资料、调查情况、工作材料等准备好，以免工作起来耽误时间。

时间安排：比如做任何事提前 15 分钟至 30 分钟开始行动，不仅能为下属和群众作出表率，而且更重要的是可以在全天工作开始之前，安排好自己的时间。在时间安排上要做到长计划短安排，每年、每季、每月要办几件大事，每周、每天要干哪几项工作，再把要做的工作按轻、重、缓、急依次分类排队，逐一加以处理。

二、学会节约时间、提高效率

节约时间就是农村干部要掌握规律，找准自己一天当中的最佳工作时间，把不同性质的工作安排在不同精神状态的时间段内完成，可以提高办事效率。为更好地节省时间，要养成随听随记的习惯，训练快速阅读的能力，学会“见缝插针”、零时整用等。

节约时间必须讲究办事效率。会用时间的农村干部，对于事情不是来一件办一件，而是对各种事务严格把关。处理任何工作都要问能不能取消它？能不能与别的工作合并？能不能用更简便的方法代替？这三问的目的也就是为了避免无效劳动、重复劳动和低效劳动，从而节省时间，提高效率。

三、善于检查时间、排除干扰

要科学地运用时间，还必须善于检查自己的时间使用状况。农村干部每天对自己的工作做一小结，连续两周或一个月，然后进行一次总结分析，对实际使用时间和预计时间进行比较，看看自己的时间究竟用到了什么地方，从中找出浪费时间的原因。

检查时间消耗的目的是为了更好地利用时间。所以农村干部要学会从现在做起，当日事当日做完。某项工作一旦开始，最好一气呵成，不要间断。心理学研究发现被中断的注意力往往需要很长时间才能恢复。因此，要集中精力，专心致志地思考重要问题或处理关键工作时，事先要估计到可能出现的干扰，预先安排出一段相对集中、不受干扰的时间，以保证其工作的相对连续性。当然在做一件复杂的工作时，也要注意劳逸结合和学会“调剂”。实践证明，一头扎进去，效率不一定高，可以利用“暂停”休息，如抽支烟、喝杯茶、下盘棋等办法，使高度紧张的状态得以缓和，新的精神又会从中焕发出来。这是在有限的时间里提高工作效率的一个重要方法。

第二节　农村干部召开会议的艺术

开会是农村干部开展领导工作的一个重要手段。会议一般可分为三类：一类是政策性的研究会、咨询会；一类是执行性的告知会、协调会；还有一类是礼仪性的庆祝会、纪念会。应根据不同会议运用不同的方法。

一、政策性的研究会、咨询会

这种会议应开展讨论，活跃气氛，使人人能畅所欲言。农村干部要善于提出问题，引发大家的思路，而不能先发言定调。会议出现冷场、离题或争执不休的情况时，农村干部可运用掌握会议的技巧来解决。冷场原因有两种：一是不了解议题无从开口。毛泽东同志说过："开会要事先通知，像出安民告示一样，让大家知道要讨论什么问题，解决什么问题，并且早作准备。"因此，农村干部开会应事先通知讨论内容；二是不关心议题，不想开口。对此，农村干部应提出有趣的"话题"，以引起与会者兴趣，引其开口；还可事先有组织地准备请人先发言引导。发言如离题，不能采取打断法，可巧妙地从题中某一句话上及时引导，使议论顺势回到正题上来。当会上发生争执时，应听清双方观点，找出主要矛盾点，设法使其意见渐趋一致。相差太大，则可请双方保留意见。总之不能形成意气用事的气氛。

二、执行性的告知会、协调会

这种会议一般是布置任务。农村干部应讲清要做什么事、为什么要做这件事、谁来做、在何时何地完成、需采取什么措施，讲话简洁明了，给会议造成一种积极完成任务的气氛。

对个别下属有些意见的，可打招呼设法在会后个别解决，这样有利于稳定和调动与会者的积极性。为此，农村干部事先应有充分准备，做好详尽的调查研究，使布置的内容基本符合下属要求，让大家都能接受执行。

三、礼仪性的庆祝会、纪念会

召开礼仪性的庆祝会、纪念会，要搞一个好的主题讲话，提出一个有教育意义的口号或号召。会议要遵照精简的原则，不搞形式主义，不搞太多的礼尚往来。其方法是：先做好充分的预备工作，凡可有可无的内容，一律删去，凡关系不大的领导人员一律不请，不是必须讲话的领导一律不安排讲话。对此类会议予以一定的控制，对浪费时间、精力、财力的会议，坚决予以制止。

上述各类会议都有一些一般性的技巧问题。譬如，如何确定会议时间、内容、规模等都是技巧问题。邓小平同志曾说过："开会要开小会，开短会，不开无准备的会。会上讲短话，话不离题"。人的智力活动有它的规律性，什么时候高峰、低潮，对会议的成功有一定的影响。所以会议一般不能太长，内容不能太多。

第三节　农村干部谈话交流的艺术

农村干部经常要通过谈话与上下左右取得联系，进行信息和感情上的交流。但是什么样的谈话方式效果更好，是一个值得研究的艺术问题。俗语说："一句话十样说。"同样是一件事，谈好了，对方的思想疙瘩迎刃而解；谈不好，就会使对方背上思想包袱，因此农村干部必须注意谈话艺术。

一、谈话目的要明确

谈话目的也就是农村干部与谈话对象要谈什么，通过谈话要达到一种什么样的效果。谈话前要心中有数，才能在谈话中有的放矢，不至于东一榔头、西一棒槌，不着边际。一般来说，农村干部与对方谈话的目的不外乎了解情况、布置任务，这就要求对谈话对象必须有所调查和了解才能达到谈话的目的。

二、谈话方式要适当

谈话目的和主题的确定并不意味着"为达目的不择手段"，而是要采用适当的谈话方式。农村干部同对方交谈时，一定要友好和气，平易近人，从双方熟悉、对方爱听的话题谈起，逐步深入到谈话的实质。要轻松愉快地谈，切不可盛气凌人。与对方的距离一般保持在自己身高的一倍到两倍之间。集体谈话，宜借助扩音器等工具，以提高谈话效果。

三、表达方式要巧妙

实践中常用的表示意图的方法有“直截了当法”和“模糊含蓄法”。实际工作中具体采用哪种方法更为巧妙，农村干部可因人、因事、因时、因地而宜。

四、对象激怒要自制

农村干部谈话不可能处处顺利，有时谈话对象由于性格、气质等方面的原因，可能会出现暴跳如雷的局面，此时农村干部必须保持冷静，不被激怒，更不能有任何失礼。要采取缓和的方式，改日再谈等。如果是属于重大原则问题，农村干部也要旗帜鲜明，不能模棱两可，在谈话中注意方式方法，做到有理、有利、有节。

第四节　农村干部处理事务的基本原则

农村干部每天都在与各种各样的事情打交道，每天都有大量亟待处理的事务，处理事情事务的方法、艺术不同，其效果就大不一样。因此，处理事情事务的方法与艺术是农村干部领导方法与艺术的重要方面。农村干部要想在领导活动中做到处事利落、有条不紊，使下属各就各位、忙而不乱，发挥出整个基层班子的最高效率，必须重视并掌握处理事务的艺术。

一、恪守职责，专心正业

作为一个农村干部，首要的一条就是一定要干好属于自己的工作，忠于职守，尽职尽责。根据系统性的原理，系统的运行是否有效，很大程度上取决于能否分清层次。每一层次都应有各自的功能，规定明确的任务、职权范围。农村干部就是通过权力或权威影响群众，共同努力以达到共同目标的带头人。农村干部的基本职责就是决策拍板、选才用人、做思想政治工作等。

二、争取主动，随机决断

争取工作主动权对于任何农村干部都十分重要。有了主动权才能有效地实施决策，达到预期的目的。农村干部争得主动地位，就是要在一定的条件基础上，根据实际情况作出正确决断，进行正确指挥。指挥正确可以由被动转为主动，而决策失误又必然会由主动陷入被动。因此，农村干部必须提高科学决策水平，争取工作主动。

随机决断是依靠农村干部丰富的知识、经验和敏锐的直觉力，对那些非常规性的随机事件作出判断和决定。这种艺术要求农村干部在处理事务过程中胸有全局、统筹兼顾，善于从全局和整体来作出估量，把握整体内部和外部关系，抓住要害、带动整体，并随时根据形势的发展捕捉时机、当机立断，并依据情况的变化，不失时机地调整原定方案、部署，以适应新情况。

三、主次配合，协调一致

农村干部要学会科学地安排工作。工作有了先后次序，就能够突出重点，照顾一般；主次配合，协调一致；先后有序、轻重有度、缓急有章。辩证唯物主义的主要矛盾原理告诉我们，任何事物，在其发展的各个时期，都存在着主要矛盾或主要环节、中心环节。抓住了它，就能解决其他矛盾或带动其他环节。农村干部要抓准抓好大事，一抓到底，绝不能半途而废。当然，这不等于说可以“单打一”，可以只抓中心工作而忽视其他工作。因为主要矛盾和次要矛盾是相互联系、相互影响的。在许多情况下，做好中心工作需要其他工作的配合，否则中心工作也不可能抓好。这就需要学会“弹钢琴”，既不能十个指头同时按下去，也不能有的动有的不动。在抓中心、抓重点工作的同时，也要花一定精力和时间抓其他工作，即农村干部要做到工作有节奏，注意组织管理中各组成部分之间的有机配合，协调平衡，善于围绕中心工作开展其他方面的工作。同时在工作中统筹兼顾，合理安排，既不要主次不分，也不要顾此失彼。“弹钢琴”是一种高超卓越的协调平衡艺术，只要农村干部不断加强自身的修养，潜心研究实际问题，就能克服“乱弹琴”，奏出美妙的乐章。

附　录

中华人民共和国村民委员会组织法

（第九届全国人民代表大会常务委员会

第五次会议于 1998 年 11 月 4 日修订通过）

第一条　为了保障农村村民实行自治，由村民群众依法办理自己的事情，发展农村基层民主，促进农村社会主义物质文明和精神文明建设，根据宪法，制定本法。

第二条　村民委员会是村民自我管理、自我教育、自我服务的基层群众性自治组织，实行民主选举、民主决策、民主管理、民主监督。

村民委员会办理本村的公共事务和公益事业，调解民间纠纷，协助维护社会治安，向人民政府反映村民的意见、要求和提出建议。

第三条　中国共产党在农村的基层组织，按照中国共产党章程进行工作，发挥领导核心作用；依照宪法和法律，支持和保障村民开展自治活动、直接行使民主权利。

第四条　乡、民族乡、镇的人民政府对村民委员会的工作给予指导、支持和帮助，但是不得干预依法属于村民自治范围内的事项。

村民委员会协助乡、民族乡、镇的人民政府开展工作。

第五条 村民委员会应当支持和组织村民依法发展各种形式的合作经济和其他经济，承担本村生产的服务和协调工作，促进农村生产建设和社会主义市场经济的发展。

村民委员会应当尊重集体经济组织依法独立进行经济活动的自主权，维护以家庭承包经营为基础、统分结合的双层经营体制，保障集体经济组织和村民、承包经营户、联户或者合伙的合法的财产权和其他合法的权利和利益。

第六条 村民委员会应当宣传宪法、法律、法规和国家的政策，教育和推动村民履行法律规定的义务，爱护公共财产，维护村民的合法的权利和利益，发展文化教育，普及科技知识，促进村和村之间的团结、互助，开展多种形式的社会主义精神文明建设活动。

第七条 多民族村民居住的村，村民委员会应当教育和引导村民加强民族团结、互相尊重、互相帮助。

第八条 村民委员会根据村民居住状况、人口多少，按照便于群众自治的原则设立。

村民委员会的设立、撤销、范围调整，由乡、民族乡、镇的人民政府提出，经村民会议讨论同意后，报县级人民政府批准。

第九条 村民委员会由主任、副主任和委员共三人至七人组成。

村民委员会成员中，妇女应当有适当的名额，多民族村民居住的村应当有人数较少的民族的成员。

村民委员会成员不脱离生产，根据情况，可以给予适当补贴。

第十条 村民委员会成员可以按照村民居住状况分设若干村民小组，小组长由村民小组会议推选。

第十一条 村民委员会主任、副主任和委员，由村民直接选举产出。任何组织或者个人不得指定、委派或者撤换村民委员会成员。

村民委员会每届任期三年，届满应当及时举行换届选举。村民委员会可连选连任。

第十二条 年满十八周岁的村民，不分民族、种族、性别、职业、家庭出身、宗教信仰、教育程度、财产状况、居住期限，都有选举权和被选举权；但是，依照法律被剥夺政治权利的人除外。有选举权和被选举权的村民名单，应当在选举日的二十日以前公布。

第十三条 村民委员会的选举，由村民选举委员会主持。村民选举委员会成员由村民会议或者各村民小组推选产生。

第十四条 选举村民委员会，由本村有选举权的村民直接提名候选人。候选人的名额应当多于应选名额。

选举村民委员会，有选举权的村民的过半数投票，选举有效；候选人获得参加投票的村民的过半数的选票，始得当选。

选举实行无记名投票、公开计票的方法，选举结果应当当场公布。选举时，设立秘密写票处。

具体选举办法由省、自治区、直辖市的人民代表大会常务委员会规定。

第十五条 以威胁、贿赂、伪造选票等不正当手段，妨害村民行使选举权、被选举权，破坏村民委员会选举的，村民有权向乡、民族乡、镇的人民代表大会和人民政府或者县级人民代表大会常务委员会和人民政府及其有关主管部门举报，有关机关应当负责调查并依法处理。以威胁、贿赂、伪造选票等不正当手段当选的，其当选无效。

第十六条 本村五分之一以上有选举权的村民联名，可以要求罢免村民委员会成员。

罢免要求应当提出罢免理由。被提出罢免的村民委员会成员有权提出申辩意见。

村民委员会应当及时召开村民会议，投票表决罢免要求。罢免村民委员会成员须经有选举权的村民过半数通过。

第十七条 村民会议由本村十八周岁以上的村民组成。

召开村民会议，应当有本村十八周岁以上村民的过半数参加，或者有本村三分之二以上的户的代表参加，所作决定应当到会人员的过半数通过。

必要的时候，可以邀请驻在本村的企业、事业单位和群众组织派代表列席村民会议。

第十八条 村民委员会向村民会议负责并报告工作。村民会议每年审议村民委员会的工作报告，并评议村民委员会成员的工作。

村民会议由村民委员会召集。有十分之一以上的村民提议，应当召集村民会议。

第十九条 涉及村民利益的下列事项，村民委员会必须提请村民会议讨论决定，方可办理：

（一）乡统筹的收缴方法，村提留的收缴及使用。

（二）本村享受误工补贴的人数及补贴标准。

（三）从村集体经济所得收益的使用。

（四）村办学校、村建道路等村公益事业的经费筹集方案。

（五）村集体经济项目的立项、承包方案及村公益事业的建设承包方案。

（六）村民的承包经营方案。

（七）宅基地的使用方案。

（八）村民会议认为应当由村民会议讨论决定的涉及村民利益的其他事项。

第二十条 村民会议可以制定和修改村民自治章程、村规民约，并报乡、民族乡、镇的人民政府备案。村民自治章程、村规民约以及村民会议或者村民代表讨论决定的事项不得与宪法、法律、法规和国家的政策相抵触，不得有侵犯村民的人身权利、民主权利和合法财产权利的内容。

第二十一条 人数较多或者居住分散的村，可以推选产生村民代表，由村民委员会召集村民代表开会，讨论决定村民会议授权的事项。村民代表由村民按每五户至十五户推选一人，或者由各村民小组推选若干人。

第二十二条 村民委员会实行村务公开制度。村民委员会应当及时公布下列事项，其中涉及财务的事项至少每六个月公布一次，接受村民的监督。

（一）本法第十九条规定的由村民会议讨论的事项及其实施情况。

（二）国家计划生育政策的落实方案。

（三）救灾救济款物的发放情况。

（四）水电费的收缴以及涉及本村村民利益、村民普遍关心的其他事项。

村民委员会应当保证公布内容的真实性，并接受村民的查询。村民委员会不及时公布应当公布的事项或者公布的事项不真实的，村民有权向乡、民族乡、镇人民政府或者县级人民政府及其有关主管部门反映，有关政府机关应当负责调查核实，责令公布；经查证确有违法行为的，有关人员应当依法承担责任。

第二十三条 村民委员会及其成员应当遵守宪法、法律、法规和国家的政策，办事公道，廉洁奉公，热心为村民服务。

第二十四条 村民委员会决定问题，采取少数服从多数的原则。村民委员会进行工作，应当坚持群众路线，充分发扬民主，认真听取不同意见，坚持说服教育，不得强迫命令，不得打击报复。

第二十五条 村民委员会根据需要设人民调解、治安保卫、公共卫生等委员会。村民委员会成员可以兼任下属委员会的成员。人口少的村的村民委员会可以不设下属委员会，由村民委员会成员分工负责人民调解、治安保卫、公共卫生等工作。

第二十六条 村民委员会应当协助有关部门，对被依法剥夺政治权利的村民进行教育、帮助和监督。

第二十七条 驻在农村的机关、团体、部队、全民所有制企业、事业单位的人员不参加村民委员会组织，不属于村办的集体所有制单位的人员可以不参加村民委员会组织。但是，他们都应当遵守有关村规民约。所在地村民委员会、村民会议或者村民代表讨论和处理同这些单位有关的问题，应当与他们协商解决。

第二十八条 地方各级人民代表大会和县级以上地方各级人民代表大会常务委员会在本行政区域内保证本法的实施，保障村民依法行使自治权利。

第二十九条 省、自治区、直辖市的人民代表大会常务委员会可以根据本法，结合本行政区域的实际情况，制定实施办法。

第三十条 本法自公布之日起施行。《中华人民共和国村民委员会组织法（试行）》同时废止。